Gunter Haug

Vorsetz

Hohenloher Gschichtlich und Erlebnisse

edition
Inspiration

edition
Inspiration

www.edition-inspiration.de

1. Auflage 2019

Titelbild: Hans Gehringer serviert frischgezapftes Spielbacher Bier (Foto Karin Haug)
Gestaltung des Einbandes: Ilona Bucher, Berlin, www.fraubucher.de
Satz: Olaf Mangold Text & Typo, Stuttgart
Druck und Binden: CPI books GmbH, Ulm

ISBN print: 978-3-947224-26-5
ISBN epub: 978-3-947224-27-2

Bauernhaus in Spielbach

Schon seit vielen Jahren möchte ich ein Buch über Hohenlohe schreiben.

Jetzt endlich hat es geklappt!

edition
Inspiration

In Hohenlohe heißt es Vorsetz ...

... in anderen Gegenden unseres Landes sagt man dazu Vorsitz oder Lichtstube.

Gemeint ist immer dasselbe, nämlich die in früheren Jahrhunderten weit verbreitete Sitte, während der dunklen Jahreszeit manchmal gemeinsam in einer geheizten Stube zusammen zu kommen, um sich zu unterhalten, Geschichten zu erzählen, Gedichte aufzusagen, zu singen, Kartenspielen, stricken, basteln oder etwas zu schnitzen. Um das Alleinsein und die Kälte wenigstens eine Zeitlang aus dem Alltag zu verbannen.

Das gibt es heute kaum noch.

Heutzutage sitzen sie stattdessen mutterseelenallein in ihren zentralheizungswarmen Wohnzimmern vor der Mattscheibe und denken wehmütig an früher – wo bekanntlich auch nicht alles besser war, aber die Menschen nicht so einsam.

Es wäre daher schön, wenn die gute alte Tradition der Vorsetz nicht völlig verschwinden würde.

In dieser Hoffnung habe ich meine Hohenloher Gschichtlich und Erlebnisse aufgeschrieben.

Gunter Haug

Die Jagst

Inhalt

Burg Buchenbach

Hohenlohe

»In die rabenüberflogene Ebene
hast Du Dein Wort gerammt
und durch Blitze versiegelt.
Kocher, Tauber und Jagst
durchschnürten mit ihrem Rauschen
das Schweigen der Wälder
und die Quellen schickten
den Flüssen ihre silbern
schimmernden Grüße.«
(Gottlob Haag, »Hohenloher Psalm«)

Das beschauliche Hohenlohe: eigentlich liegt es ja nur den berühmten Steinwurf weit weg vom großen Touristenrummel, von Rothenburg ob der Tauber, der »Hauptstadt des Deutschen Mittelalters« – und dennoch stauen sich auf der dauerverstopften Autobahn 6 zwischen Heilbronn und Feuchtwangen die meisten Autofahrer ahnungslos an diesem faszinierenden Fleckchen Erde vorbei, ohne auch nur den klitzekleinsten Abstecher ins Hohenloher Land erwogen zu haben.

Woran das wohl liegen mag? An den landschaftlichen Reizen von Hohenlohe ganz sicher nicht. Denn diesbezüglich ist ja das genaue Gegenteil der Fall. Vielleicht liegt es also eher an diesem etwas fad klingenden Beinamen »Hohenloher Ebene«? Denn das hört sich irgendwie ähnlich ereignislos an, wie beispielsweise »Norddeutsche Tiefebene«. Ebene halt. Nix zu sehen – nirgendwo. Was aber im

Falle von Hohenlohe so eine ganz spezielle Sache ist. Das stimmt nämlich gar nicht, weder mit dem nix sehen können, noch mit der Ebene. Nun gut, wenn man von Waldenburg aus, dem »Balkon von Hohenlohe«, der so herrlich auf den Ausläufern des Schwäbischen Waldes thront, nach Norden, Osten oder Westen schaut (denn von hier aus kann man beinahe ganz Hohenlohe überblicken) dann könnte man aufs erste Hingucken schon eine Ebene vermuten. Aber das ist weit gefehlt! Denn bei der »Hohenloher Ebene« liegt die Tücke im Detail!

Wer jemals eine Radtour durchs Hohenlohische unternommen hat, wird jetzt sofort heftig nicken: Von wegen eben! Da geht es ständig auf und ab! Kochertal, Jagsttal, Gronachtal (um nur einige zu nennen) und im Norden natürlich die Tauber – alle diese Flüsse schneiden sich manchmal mehr als hundert Meter tief in den Hohenloher Muschelkalk hinein. Dazu noch die vielen steil abfallenden Klingen, die als gewaltige Kerben Wiesen, Felder und Wälder in Hohenlohe regelrecht filetieren. Schweiß lass nach!

Aber wo es hügelig ist, da ist es meistens auch schön. Das stimmt in Sachen Hohenlohe exakt. Grund genug also für einen Ausflug in diesen teilweise märchenhaften und in manchen Winkeln noch immer still romantischen Landstrich – wobei zunächst einmal die Frage zu klären wäre, wo genau die Grenzen von Hohenlohe eigentlich verlaufen.

Im Grunde genommen ist das recht eindeutig zu beantworten: die Hohenloher Herrlichkeit wird in ihrer nordöstlichen Ecke von Rothenburg ob der Tauber begrenzt. Im Norden ist es das »liebliche Taubertal«, während sich am südwestlichen Zipfel das äußerst sehenswerte Residenzstädtchen Öhringen findet (in dessen Stiftskirche die Kaiserinmutter Adelheid, die Mutter des Salierkaisers

Konrad II., begraben liegt). Und nebendran in Brettach hat die berühmte Apfelsorte gleichen Namens ihre Wurzeln.

Die westliche Grenze von Hohenlohe verläuft dann kurz vor Heilbronn und Neckarsulm in Richtung Norden einigermaßen parallel zur Autobahn 81 bis hoch nach Tauberbischofsheim. Hier beginnt das so genannte Bauland, die Heimat des Grünkerns, des unreif geernteten und anschließend in Darren getrockneten Dinkels. Dieses einstige Arme-Leute-Essen hat sich inzwischen zu einer gesundheitsfördernden Kultspeise gemausert.

Der nächste Eckpfeiler ist Bad Mergentheim, dreihundert Jahre lang hatte hier der Hochmeister des Deutschen Ordens seine Residenz. Eine stolze Historie, die im Jahr 1809 mit der zwangsweisen Eingliederung in das Königreich Württemberg jäh beendet worden ist. Mittlerweile hat sich Bad Mergentheim zum größten Heilbad von ganz Baden-Württemberg gemausert.

Danach geht's eigentlich immer stramm an der Tauber als nördlicher Begrenzung entlang wieder Richtung Osten bis wir wieder in die altehrwürdige Freie Reichsstadt Rothenburg kommen, die einen ganz besonderen Eckpfeiler markiert. Hier nämlich ist im 15. Jahrhundert durch den großen Rothenburger Bürgermeister Heinrich Toppler mit der durch Hecken und Gräben gesicherten »Landwehr« ein eigenes Staatsgebiet entstanden, das weit ins Hohenloher Land hineingereicht hat, bis ihm durch Napoleon Anfang des 19. Jahrhunderts der Garaus gemacht worden ist. Genauso wie damals der Rothenburger Reichsstadtherrlichkeit ist es auch den ganzen schönen Hohenloher Kleinstfürstentümern, Klöstern und Städtchen ergangen. Die einen (Rothenburg) sind dabei höchst unsanft nach Bayern »eingemeindet« worden, während die anderen (der größte Teil von Hohenlohe) sich widerstrebend in das neu entstandene Königreich Württemberg hinein zwingen lassen mussten.

Doch vergessen sind die vielen Jahrhunderte der Zugehörigkeit zur Landwehr im württembergischen Teil von Hohenlohe bis heute nicht, denn nach wie vor heißt es, man komme aus der Landwehr, wenn von einem Dorf die Rede ist, das ehedem zum Rothenburger Ministaat gehört hat. Diese alten Verbindungen sind selbst im 21. Jahrhundert noch deutlich hör- und spürbar. Und man kann es auch an den Wegweisern ablesen: Sie brauchen beispielsweise nur einmal zwischen Schrozberg, Blaufelden, Gerabronn, Rot am See und Crailsheim mit dem Auto unterwegs zu sein, dann werden sie bald feststellen, dass dort noch immer beinahe alle Straßenschilder nach Rothenburg weisen. Da kann man gut und gerne 30 Kilometer in Richtung Süden fahren und trifft dennoch ständig auf Schilder, die einem sagen, dass es nach Rothenburg nur noch 15 Kilometer seien. Einmal munter im Kreis herum: alle Wege führen nach Rothenburg. Zumindest im östlichen Teil von Hohenlohe.

Noch ein Stückchen weiter, jenseits der A 7 (übrigens der längsten deutschen Autobahn), also bereits im bayrisch besetzten Teil von Franken, ragt als natürliche Begrenzung von Hohenlohe die Frankenhöhe auf – gekrönt vom Schloss Schillingsfürst, das nach wie vor von einer Hohenloher Seitenlinie bewohnt wird. Übrigens – was nur noch wenige wissen – Chlodwig zu Hohenlohe-Schillingsfürst war von 1894–1900 als Deutscher Reichskanzler der Nach-Nachfolger von Bismarck.

Wieder zurück im »württembergisch besetzten« Hohenlohe: da darf Blaufelden natürlich keinesfalls unerwähnt bleiben, ebenso wenig wie Schrozberg und Gerabronn, dazu das malerische Kleinod Kirchberg an der Jagst, das barock-prächtige Weikersheim, das nicht minder beeindruckende Langenburg auf seinem Bergsporn hoch über dem Jagsttal, dann Creglingen mit der Herrgottskirche, dem Romschlössle und vielen anderen reizvollen Winkeln, Niederstetten im Vorbachtal, das Festungsstädtchen Vellberg, und logischerweise Rot am See mit dem ältesten Hohenloher Volksfest weit und breit, der legendären Muswiese in Musdorf, die jedes Jahr Anfang Oktober die Hohenloher in Scharen hierher strömen lässt.

Richten wir unseren Blick jetzt nach Süden: da grenzt Hohenlohe an die Höhen des Schwäbischen Waldes. Das letzte und mit am höchsten gelegene Zipfelchen von Hohenlohe ist das bereits zu Beginn erwähnte Städtchen Waldenburg, das ebenfalls mit einem nach wie vor von Mitgliedern des Hauses Hohenlohe bewohnten Schloss aufwartet.

Was den Bekanntheitsgrad der hohenlohischen Städte angeht, dürfte Schwäbisch Hall mit seiner wunderschönen Lage am Kocher und den phantastischen Museen klar vorne liegen, obwohl die ehemalige Salzsiederstadt, stolz wie eh und je, lieber ihre ganz eigene Rolle spielt.

Hier sind wir nun mitten im Epizentrum der Weltmarktführer angelangt, im »packaging valley« mit jeder Menge weltweit ganz oben agierenden Topunternehmen aus dem Bereich der Verpackungsindustrie, deren Namen freilich nur Insider kennen. Das Wirtschaftswunder von Hohenlohe! Wahrhaft atemberaubend, wenn man sich daran zurück erinnert, wie es noch bis weit in die 60er Jahre des 20. Jahrhunderts hinein in Hohenlohe zugegangen ist, als die Kinder in den einsamen Dörfern vor lauter Langeweile Sonntags die Autokennzeichen der (spärlichst) zwischen den Misthaufen hindurchbrausenden Benzinkutschen notiert haben – und wer dabei ein Stuttgarter Kennzeichen entdeckt hatte, war dann beinahe schon der Weltmeister. Damals war das die auf Schritt und Tritt scheinbar für immer und ewig zementierte Rückständigkeit eines Lebens hinter dem Mond – und nur wenige Jahrzehnte später geben sich hier die Weltmarktführer sozusagen die Klinke in die

Hand! Und dass aus drei Schulkameraden, die zwar nicht unbedingt die engsten Freunde geworden sind, aber dennoch einst in Künzelsau gemeinsam die Schulbank gedrückt haben, nämlich Reinhold Würth, Alfred Berner und Gerhard Sturm, später einmal die Chefs von drei Konzernen mit Milliardenumsätzen werden würden, also von Würth, Berner und ebm-Papst, das dürfte es auf der ganzen Welt kein zweites Mal geben! Wen wundert es da noch, dass Auftritte von Superstars wie Anna Netrebko, Rolando Villazon und Kent Nagano im vom Stararchitekten David Chipperfield entworfenen Carmen-Würth-Forum in Künzelsau-Gaisbach beinahe schon alltäglich geworden sind! Und wer einmal Originalgemälde von Pablo Picasso, Anselm Kiefer, Lukas Cranach dem Älteren oder Hans Holbein aus nächster Nähe bewundern will, muss dafür nicht um die halbe Welt fahren, denn das geht genauso gut in den Würth-Museen von Schwäbisch Hall und Künzelsau!

Ach ja, wenn wir schon beim Stichwort Weltgeltung sind: sogar das Weltkulturerbe Limes verläuft ein Stück weit durch Hohenlohe – von Mainhardt aus den Buckel runter, über die »Ebene« bis zum Kloster Schöntal und dann weiter, schnurgerade nach Norden. Aber so stolz man heutzutage auf den Limes auch sein mag, zu Zeiten der Römer lag allerhöchstens ein Zehntel von Hohenlohe hinter dem Limes und damit in der von der römischen Besatzungsmacht kontrollierten Zone. Alles andere befand sich jenseits davon im freien Germanien. Worauf die Franken ja immer noch mordsmächtig stolz ist: »frank und frei« waren sie zu jenen Zeiten, während sie heutigen Tags nur noch frank sind …

Aber dazu später mehr.

Bleiben wir kurz noch bei der Historie, um die Frage zu klären, woher der Name Hohenlohe eigentlich stammt. Erstmals findet er sich im Hohen Mittelalter bei einem Edelfreien namens Konrad, dem Sohn des Konrad von Weikersheim. Dieser Ritter hatte die Burg Hohlach in seinem Besitz, woraus sich umgangssprachlich dann der Begriff Hohenlohe abgeschliffen hat. Dass diese längst verschwundene Burg ganz in der Nähe von Uffenheim stand, das sich geographisch gar nicht mehr so richtig mit dem heutigen Hohenlohe in Verbindung bringen lässt, ist eine kleine Ironie der Geschichte. Wie dem auch sei: auf alle Fälle gelangte die Familie, die sich nunmehr »von Hohenlohe« nannte und damit dem ganzen Landstrich, in dem sie sich zügig ausbreitete, ihren Namen gab, im Gefolge der Staufer zu hohen Ehren und großem Reichtum. Unter dem Stauferkaiser Friedrich II. ist Konrad von Hohenlohe im Jahr 1230 sogar mit dem Titel eines Grafen von Romagna ein weiteres Mal geadelt worden – doppelt hält besser, mag er sich dabei gedacht haben.

Die Geschichte der Herren von Hohenlohe, die sich rasch in mehrere Linien aufgeteilt haben, um dann jeweils für sich als Grafen (bald darauf auch als Reichsfürsten) über ein eigene Territorien zu verfügen, die nur noch den Kaiser als oberste Machtinstanz über sich hatten, währt also mittlerweile gut und gerne 900 Jahre. Zirka 600 Jahre davon beherrschten sie ihr jeweiliges, klitzekleines Staatsgebiet ziemlich souverän. Das Erstaunliche daran ist, dass es in dieser langen Zeit, mit Ausnahme des Bauernkriegs, zu keinen größeren Auseinandersetzungen mit den Untertanen gekommen ist. Im deutlichen Gegensatz zu den meisten anderen Regenten jener Zeiten pflegten sie in ihren Ländchen nämlich ein gutes Miteinander, ganz besonders war das im 18. und Anfang des 19. Jahrhunderts der Fall, wo sie mit großzügigen Stiftungen und zahlreichen Schulbauten die Herzen ihrer Bürger gewonnen haben. Aber dann hat ja 1803 der von Napoleon Bonaparte in die Wege geleitete Reichsdeputationshauptschluss und die damit verbundenen Neuordnung der deutschen Landkarte den schönen hohenlohischen Ministaaten den Garaus gemacht. Wie wenig begeistert das Volk davon gewesen ist, nunmehr plötzlich württembergisch sein zu müssen, lässt sich glasklar an der Tatsache ablesen, dass die Öhringer ihrem zwangsweise längst zurückgetretenen Landesherren viele Jahre später sogar noch ein Denkmal in den Schlosspark gesetzt haben. Zur Erinnerung an die guten alten Zeiten…

Neben den Hohenlohern hatte sich ganz am westlichen Zipfel dieses Ländchens noch ein anderes Adelsgeschlecht etabliert, das freilich nicht im Entferntesten die Bedeutung erlangt hat, wie seine fürstliche Nachbarschaft. Dafür ist der Name des größten Tunichtguts, den diese Familie hervorgebracht hat, weltberühmt geworden, vor allem dank der Tatsache, dass der deutsche Dichterfürst Johann Wolfgang von Goethe ein (nicht immer der historischen Wahrheit entsprechendes) Schauspiel daraus gemacht hat. Die Rede ist von Götz von Berlichingen. Das untere Jagsttal, Jagsthausen (wo alljährlich der »Götz« im Schlosshof aufgeführt wird), ist »Götzland«: sein Geburtsort Berlichingen genauso wie Krautheim (wo er dem kaiserlichen Abgesandten seinen berühmten Spruch entgegen geschmettert hat) und auch seine noch heute sichtbare Begräbnisstätte im ehemaligen Kloster Schöntal.

Mundartlich gehört Hohenlohe eindeutig zu Franken – wenngleich auch, je weiter man nach Westen und Süden kommt, mit mehr und mehr schwäbisch »angehauchten« Einsprengseln. Aber eben höchstens nur gehaucht. Das zu betonen ist ziemlich wichtig, denn die schlimmste Beleidigung für einen Hohenloher ist es ja, wenn ein ahnungsloses Nordlicht daher kommt und die heimische Mundart als »typisch schwäbisch« identifiziert. Das ist beinahe noch schlimmer, als wenn man einem wackeren Franken die Behauptung vor den Latz knallt, er spreche wie ein »typischer Bayer«…

Es ist eigentlich ganz einfach, die Trennungslinie zu ziehen: überall dort, wo die Mädchen »Maidlich« heißen, die Blumen »Blümlich«

und sich die Leute keine Geschichten erzählen, sondern »Gschichtlich« – überall dort ist die Hohenloher Mundart zu Hause. Mit all ihren ortsspezifischen Eigenheiten natürlich. Besonders in der Gegend zwischen Crailsheim und Creglingen lässt sich diese Grenzlinie Dorf für Dorf noch messerscharf nachzeichnen.

Und deshalb soll an dieser Stelle auch ein weiteres, genauso feines wie halt doch ganz entscheidendes Unterscheidungsmerkmal kurz erwähnt sein: der Unterschied zwischen Schwäbisch Sibirien und Württembergisch Sibirien. Als Württembergisch Sibirien haben die Beamten im fernen Stuttgart ihre napoleonische Eroberung Hohenlohe bezeichnet, während der Begriff Schwäbisch Sibirien für die Schwäbische Alb reserviert war. Sollte heißen: die einen liegen weit hinter dem Mond, dort wo sich Fuchs und Hase Gute Nacht sagen, während es bei den anderen (der Alb) bekanntlich immer »einen Kittel kälter« ist. Sibirisch halt. Eine Abordnung hierhin wie dorthin galt den Stuttgarter Bürokraten folglich als übelstes aller üblen Schreckgespenster, als Strafversetzung. Aber auch diese Einstellung hat sich – wie das Image – zwischenzeitlich gewaltig gewandelt.

Nicht nur mundartlich, sondern auch landsmannschaftlich gehört Hohenlohe also, wie oben gesagt, eindeutig zu Franken – und wenn da nicht einst besagter Napoleon mit seiner Grande Armee daher gekommen wäre, dann hätten hier weder Stuttgart noch München etwas zu sagen. Den Hohenlohern hat es damals regelrecht den Magen umgedreht, als man sie in die neu entstandenen Königreiche Bayern und Württemberg hinein gepresst hat. Bis heute spürt man dieses Grummeln – und hört es manchmal sogar: sie reden dann von »ihrem« Hohenlohe als einem von einer fremden Macht besetzten Gebiet. Doch, ehrlich: solche, mittlerweile eher scherzhaft-gequält gemeinten Aussagen kann man auch nach 200 Jahren württembergischer Kontrolle über Hohenlohe manchmal schon

Brücke in Hohebach mit königlich-württembergischem Wappen

noch hören. Dieser gefühlte »Besatzungsstatus« sorgt im Übrigen dafür, dass es auch ganz eigene, inoffizielle Nachrichtenkanäle gibt, eine regelrechte Datenautobahn von der analogen Sorte. Von wegen Facebook und Co! Sie glauben ja gar nicht, wie rasch sich die analoge Neuigkeit von Ost nach West fortpflanzt, wenn in Schrozberg ein Sack Roggen umgefallen ist!

Weil man also mit der württembergischen Besatzungsmacht nicht so recht konnte und das auch gar nicht wollte, hat sich damals im Umgang mit der Obrigkeit eine ganz spezifische Eigenart herausgebildet, die Gottlob Haag, der unvergessene Poet von Hohenlohe so charakterisiert hat: »I sooch net so und i sooch net so – damit hinterher keiner kommen kann und soocht, i hät so gsoocht oder so.«

So verstockt sie sich folglich in dieser Hinsicht geben konnten (und manchmal noch können), so weltoffen und freundlich zeigen sich die Hohenloher üblicherweise fremden Besucher gegenüber, vorausgesetzt, diese gehen genauso offen auf sie zu. Das ist jetzt kein folkloristisches Geschwafel, das ist vielmehr eine persönlich erlebte Tatsache. Denn wo sonst gibt der Bauer dem sich hoffnungslos verfranzt habenden Fahrer den Rat, mit dem Auto doch am besten über seinen Hof zu fahren, weil im Ort selbst die Straße gerade wegen Kanalisationsarbeiten gesperrt sei?! Und das auch noch mit einem strahlenden Lächeln im Gesicht! Anderswo kann man bei solchen Begegnungen höchstens bloß noch schauen, dass man möglichst rasch Land gewinnt, bevor der grimmige Landmann zur Mistgabel greift.

Ähnlich herzerfrischend geht es in Hohenlohe bei den zahllosen kleinen Dorffesten zu. Wer nett zu den Leuten ist, zu dem sind sie mindestens genauso nett. Ist ja eigentlich logisch, oder? Und beim »Du« ist man sowieso gleich von Anfang an.

Soweit also könnte alles gut sein: wenn da halt nicht die Sache mit diesem unerfüllbar gewordenen Traum von einem eigenständigen Land Franken wäre – samt dem Herzstück Hohenlohe mittendrin … Gleich nach dem 2. Weltkrieg, bei der Neuformierung der Bundesrepublik Deutschland, hat es diese einmalige Chance auf ein Bundesland Franken tatsächlich gegeben. Daraus ist aber nichts geworden – denn, wie die alten Beobachter übereinstimmend sagen, ist der schöne Traum wegen den Bischöfen in den katholischen Residenzen Würzburg und Bamberg geplatzt, die bewegt von der Furcht vor dem drohenden Machtverlust in einem überwiegend evangelischen Franken, massiv ihre Beziehungen ins katholische München haben spielen lassen. Hauptsache Katholisch! Die arglosen (mehrheitlich protestantischen) Hohenloher hätten das nie für möglich gehalten und haben sich infolgedessen viel zu spät gewehrt. Und so kam es, wie es eben kommen musste: große Teile von Hohenlohe sind seitdem im Bundesland Baden-Württemberg verschwunden, den kärglichen Rest hat der Freistaat Bayern geschluckt.

Nun ja, so ist es halt. Was man nicht mehr ändern kann, das sollte man auch nicht allzu heftig beklagen. Sondern lieber einen guten Mooscht aus dem hohenlohischen trinken – und zwar einen, der die öffentliche Mostprämierung, die es hier allerorten noch gibt, mit Bravour bestanden hat. Dazu passt am besten ein Blooz (ein Blechkuchen) aus dem Holzbackofen – und schon hängt der Himmel zwischen Kocher, Jagst und Tauber wieder voller Geigen …

»Den Namen aussprechen,
wenn der Wind das Wecken bläst,
dass sich die Hänge längs der Täler
und die Hügel
mit ihren Burgen und Schlössern,

Städtchen, Kirchen und Dörfern
aus der Ebene aufrichten
und sie in den Tag tragen.
Auf die Schultern eines Hügels steigen
und sehen, wie die Sonne
die Ebene umarmt,
an einem Morgen in
Hohenlohe.
(Gottlob Haag, »Hohenlohe«)

Gottlob Haag

»Der letzte Mohikaner«

Gottlob Haag, der Poet von Hohenlohe

Manchmal komme er sich vor, wie der letzte Mohikaner, hat er in seinen letzten Lebensjahren einmal zu mir gesagt. Oder (passender noch) wie der letzte Kelte, den die zerflossene Zeit in der Gegenwart zurück gelassen hat. Denn die geheimnisumwobenen Kelten und deren Spuren, die auf den Höhen über dem Taubertal überall zu finden sind, haben auf Gottlob Haag Zeit seines Lebens eine gewaltige Faszination ausgeübt.

81 Jahre alt ist er geworden – geboren im Jahr 1926 im hohenlohischen Flecken Wildentierbach, wo er die Volksschule besucht hat. Längst gilt er als einer der letzten Naturlyriker aus der großen alten Garde, die zeitlos aktuelle Wegmarken gesetzt hat. Gemeinsam mit seinem engen Freund und Weggefährten, dem allzu früh verstorbenen Wilhelm Staudacher aus Rothenburg, hat Gottlob Haag die Hochzeit der deutschen Mundartdichtung in den 60er und 70er Jahren des 20. Jahrhunderts maßgeblich geprägt. Die Liste der Preise und Auszeichnungen, die er im Laufe seiner Schreibtätigkeit bekommen hat, ist lang. Überall im Land genoss der Mann aus dem kleinen Dorf bei Niederstetten ein hohes Ansehen. Nur nicht in Wildentierbach selbst. Dort haben sie ihm jahrzehntelang die klassische Rolle des Propheten im eigenen Land zugedacht. Als einen Spinner aus einfachsten Verhältnissen, der plötzlich gemeint hat, Gedichte schreiben zu müssen, haben sie ihn verspottet. Erst voll mitleidiger Herablassung, später dann mehr und mehr mit

zornigen Untertönen vermischt. Wegen der direkten Sprache, die Gottlob Haag grundsätzlich in seinen Werken gesprochen hat. Nachts um 12 haben sie ihn oft angerufen und ihm Prügel angedroht. Tagsüber hat man sich weggedreht, um ihn nicht grüßen zu müssen. Den ewigen Nörgler. Den niemals verstummenden Mahner gegen die Zerstörung der Natur.

In den Zeiten der mehr und mehr industriell agierenden Landwirtschaft mit ihren gigantomanischen Ackerflächen hat man »so einen« nicht hören wollen. Mit all den Konsequenzen, die uns heutzutage oft drastisch vor Augen stehen. Schon damals konnte Gottlob Haag nur noch den Kopf schütteln, wenn er die immer rücksichtsloser ausgeräumte Landschaft seiner Heimat betrachtet hat. Provinzler war er nie einer, sondern viel eher einer, der aus der Provinz kam, immer über sie geschrieben und häufig unter ihrer Enge gelitten hat, aber niemals woanders hätte wohnen können oder wollen. Und das war gerade für einen wie ihn, der nie ein Blatt vor den Mund genommen hat, manchmal nicht einfach. Eben auch nicht in Wildentierbach, wenn er wieder einmal gegen die Naturzerstörung durch seine früheren Schulkameraden gewettert hat. Da muss man schon einen kerzengeraden Rücken haben, um das Echo aushalten zu können, das dann über einen hinweg fegt.

Der alte Apfelbaum vor meinem Fenster:
Gestern hat ihn der Nachbar gefällt.
Er brachte mir keinen Nutzen mehr,
sagte er lakonisch.
Niemand wollte mehr seine Äpfel.
Ich frage mich
Ob es ihm nicht genug sein konnte,
dass der Baum
jedes Jahr blühte?

Sein Hohenlohe hat sich während Gottlob Haags 81-jährigem Leben gewaltig verändert. Wie gesagt: nicht immer und überall zum Besseren. Aber die meisten von denen, die das angerichtet haben, die gibt es auch nicht mehr. Sie sind längst vom Strukturwandel in der Landwirtschaft weggefegt worden, während sie noch einen schönen Teil der Schöpfung mit sich in den Abgrund gerissen haben.

Ja, die Schöpfung. Darauf kam Gottlob Haag immer wieder zu sprechen. Denn er war ein tief religiöser Mann. Kein Anhänger der Kirche. Er hatte seine eigene Meinung zu den Dingen. Wozu er keine Kirche brauchte. Ein Grund, weshalb man ihn oft auf dem Gottesacker von Standorf treffen konnte. An diesem faszinierenden Ort über dem Taubertal, der schon seit der Keltenzeit die Menschen in ihren Bann schlägt. Gottlob Haag hat immer von einem enormen Kraftpunkt gesprochen, der ihn geradezu magisch anziehe. Auf dem kleinen Friedhof bei der uralten Standorfer Kirche liegt auch der Pfarrer begraben, der ihn einst konfirmiert hat. Ein mutiger Mann sei das gewesen, der selbst vor den Nationalsozialisten seine ehrliche Meinung geäußert habe und deswegen von den braunen Gesellen aus seinem Kirchenamt gejagt worden sei. Vor einigen Jahren sollte das Grab eingeebnet werden. Gottlob Haag hat geschafft, dass es erhalten blieb.

Gottlob Haag. Geboren zwischen den beiden Weltkriegen im damals hintersten Winkel von Hohenlohe. Als armer Leute Sohn, der im Lauf seines Lebens mindestens ein halbes Dutzend Berufe ausüben musste, um sich und seine Familie durchzubringen: erst war er Schneider, dann Lackierer, Generatorenwärter, Hilfsarbeiter, Nachtwächter und schließlich eine Art Hilfsbuchhalter bei der Bundeswehr in Niederstetten. Denn vom Schreiben hat er nie leben können. Eine Schachtel Eier, wenn er bei den Landfrauen seine Gedichte vorgetragen hat. Mehr hat es selten gegeben. Das war eine harte Existenz, in deren Verlauf dennoch beinahe 50 Bücher, Gedichtbände, Romane und Theaterstücke entstanden sind. Niemals jedoch von der anbiedernden Art des damals allgegenwärtigen, krachledernen, weißblau-bierseligen Bauerntheaters. Nein, das war nie seine Welt, auch wenn er damit wesentlich mehr hätte verdienen können.

Es sind vielmehr die Stoffe aus dem wahren Leben gewesen, die ihn zum Schreiben animiert haben und bei denen er mit seiner ehrlichen Meinung nie hinterm Berg gehalten hat. Nicht einmal bei seiner eigenen Biographie war das der Fall, die im Jahr 2001 unter dem Titel »Der Bankert« erschienen ist. Darin beschreibt er sein zeitlebens kritisch-distanziertes Verhältnis zu seiner Mutter Sofie, das nie gut oder gar herzlich gewesen ist. Deshalb bezeichnet Gottlob Haag in diesem Buch seine eigene Mutter auch nicht als seine Mutter. Sondern er nennt sie »die Mutter von Sofies Sohn«. Gottlob ist Sofies Sohn. Und seine Mutter ist für ihn folglich nur die Mutter von Sofies Sohn.

Wolfgang Buhl! Ein Lächeln, ein Nicken. Ein Name, ohne den Gottlob Haags Werke niemals so populär geworden wären, wie sie es in den 60er und 70er Jahren geworden sind. Wolfgang Buhl, der Rundfunkmann aus Nürnberg und spätere Leiter des BR-Studios Franken, hat den fränkischen Autoren damals im Radio eine große Bühne bereitet. Und zigtausende von begeisterten Zuhörern haben diese Sendungen genossen. Es war die hohe Zeit des Radios.

So manches seiner Gedichte haben sie ihm nach der Ausstrahlung im Radio übel genommen. In Wildentierbach genauso wie bei seinem Arbeitgeber, der Bundeswehr. Aber dennoch hat er sich nie verbiegen lassen. Von dieser Erkenntnis aus betrachtet, mutet die Begründung besonders seltsam an, weshalb ausgerechnet Marcel Reich-Ranitzky, der einstige deutsche »Literaturpapst«, das Werk von Gottlob Haag nicht gewürdigt hat. Denn Gottlob Haag war Reich-Ranitzky durchaus bekannt und sogar der intensiveren Beschäftigung wert gewesen. Bis er dann erfahren habe, dass Gottlob Haag bei der Bundeswehr beschäftigt sei. Damit war für Reich-Ranitzky das Urteil gefallen, denn »so einen«, der bei der Bundeswehr arbeite, könne er nicht besprechen.

Doch auch ohne diesen Ritterschlag hat der Dichter aus Wildentierbach zahlreiche Auszeichnungen und Preise verliehen bekommen. Bis hin zum Bundesverdienstkreuz am Bande. Viele seiner Bücher haben mehrere Auflagen erlebt. Dennoch: ein Honorar für seine Bücher hat er wie gesagt selten erhalten. Das stand für ihn auch nie im Vordergrund. Er lebe nicht vom Schreiben, sondern er schreibe, um zu leben, das sei ihm das allerwichtigste. Denn man müsse ja heutzutage schon froh sein, meinte er, wenn diese Art von Literatur überhaupt noch verlegt werde.

Gottlob Haags Geburtsort Wildentierbach war einst Teil der Rothenburger Landwehr. Der Grund dafür, dass sein Blick immer über die heutige Grenze in Richtung Rothenburg zielte. Vor 200 Jahren ist das Dorf, wie so viele andere, durch Napoleon zwangsweise nach Württemberg gekommen, doch viel länger, nämlich beinahe 400 Jahre, war man Teil des Rothenburger Staatsgebietes. Diese lange Geschichte prägt die Menschen auch heute noch, davon war Gottlob Haag überzeugt. Denn da gab es dieses seltsame Gefühl, das er verspürt hat, wenn er erklären musste, dass er zwar in Württemberg wohne, sich aber in erster Linie als Hohenloher betrachte. Wobei er im Herzen ein Franke sei. Nein, mit den Schwaben habe er es nie gekonnt und mit Stuttgart gleich gar nicht. Bekannt geworden ist er ja auch durch die Radiosendungen des BR-Studios Franken – nicht durch den Spätzlessender in Stuttgart, wo man die Hohenloher lange Jahre einfach vergessen hatte. Kein Wunder, dass Gottlob Haag schmerzhaft zusammen gezuckt ist, wenn es im Nürnberger Studio geheißen hat, das Schwäble sei wieder da, während er für die Stuttgarter immer der Bayer gewesen ist.

»Gottlob Haag, Lyriker«, stand auf einem Messingschild neben dem Eingangstor zu seinem Haus in Wildentierbach. Direkt über dem Elternhaus, in dem er 1926 geboren wurde, hat er gewohnt. Kaum zu glauben, dass hier, in diesem winzig kleinen Flecken mit seinen grade mal 180 Seelen einer der angesehensten deutschen Mundartdichter zu Hause war.

Am Ende haben sie ihn dann doch noch zum Ehrenbürger gemacht. Viel zu spät. Eigentlich ist das eine Schande. Andererseits: nach wie vor sagen seine Gedicht den Menschen hierzulande wieder etwas, das kann man deutlich spüren, wenn man, wo immer in Hohenlohe, den Namen Gottlob Haag fallen lässt. Dann sprießt meistens ein warmes Lächeln auf den Gesichtern und beweist, wie sie die Erinnerung an »ihren« Gottlob in den Herzen bewahrt haben. An einen großen Geist aus einem winzigen Flecken irgendwo in der Rothenburger Landwehr.

»Ein Gedicht muss sich nicht reimen – aber es muss gut sein«. Diesem Haagschen Grundsatz ist nichts hinzuzufügen. Höchstens, dass die Gedichte von Gottlob Haag immer gut gewesen sind. Aber so ein Fazit ist eigentlich schon wieder überflüssig.

Dr Herrgott
E' uralder Mou is er,
mit en lange, schnäeweiße Boert,
der alles sicht und waaß,
hat mir früher
mei' Großmueder verzeiihlt.
I hob' s ere glaabt,

lang glaabt,
bis zu dem Dooch,
wu i' en uralde Mou
mit' n lange, schnäeweiße Boert
uff' dr Schtroeße gseeche hob.
Zwische e' boer Soldate
is' er drhiitorchlt.
Sie hewe uff' en neigschlooche
und gschriee:
»Gäehzue und laaf,
du schtinketer Jud!«
Sie hewe' n eiigschperrt,
gfoltert und drangsaliert
und er hat niee gjammert
und kloocht,
aa nit, wu' s' en
doetgschlooche hewe.
E' uralter Mou
wäer dr Herrgott,
der alles sicht und waaß,
mit' en lange,
schnäeweiße Boert,
hat mir mei Großmueder
verzeiihlt.
Und i' hob's gseeche,
Wie' s' en doetgschlooche hewe.

Luise Wirsching aus Spielbach

»Mit uns hat früher keiner tanzt«

Luise Wirsching aus Spielbach

Die Luise streift mich mit einem raschen, skeptischen Blick: »Ja und wie soll des Buch dann heißa?«
»Vorsetz«
Ihr Blick wird sofort noch skeptischer: »Vorsetz?!«
»Ja, Vorsetz«
»Des musst du in dem Buch dann aber auch erklären, was des heißt. Erklärst du des in dem Buch?«
»Ja, das mache ich.«
»Weißt du denn überhaupt noch, was Vorsetz heißt?«
»Ja, das weiß ich.«
»Warst du denn früher mal bei einer Vorsetz dabei?«
»Nein, das war ich nicht. Aber ich weiß trotzdem Bescheid.«
»Aha. Das hab ich mir beinahe gedacht. Dann warte mal kurz.«

Luise Wirsching springt auf und kommt kurz danach mit einem großen Leitzordner zurück: »Da guck. Da steht alles über die Vorsetz drin. Das hab ich alles gesammelt und aufgeschrieben. Du kannsch den Ordner gern mitnehmen und lesen, du musst ihn mir aber dann bitte wiederbringen.«
»Das muss nicht sein, ich weiß es ja sowieso.«
»Ja, aber viele wissen es nimmer, deshalb musst du es in dem Buch dann aber auch erklären.«
»Das mache ich, ganz sicher.«

»Weißt du, ich war nämlich erst neulich wieder mit meiner Ziehharmonika zur Vorsetz. Und da, in Amlishagen, da waren kaum welche dabei, die früher noch eine Vorsetz erlebt haben, also: des musst du schon gut erklären, was Vorsetz heißt.«
»Das mache ich. Hiermit fest versprochen!«

Es war wieder mal typisch Luise. Luise Wirsching aus Spielbach. Man kennt sie überall in Hohenlohe. Kein größeres Festlich in der näheren und weiteren Umgebung, auf dem sie nicht zu anzutreffen ist, mit ihrer alten Hohenloher Tracht, und meistens noch mit einem Leiterwägele, in dem sie eine Kiste Spielbacher Bier transportiert, das sie gerne an Leute, die sie nett findet, verteilt – und die Luise findet fast alle nett. Sie ist – im besten Sinn des Wortes – ein richtiges Urviech. Wenn sie bei einem am Tisch sitzt, dann wird es unter Garantie nie langweilig. Denn dann wird gesungen, musiziert, Gedichte vorgetragen, erzählt und gelacht: eben alles, was man früher an den langen Winterabenden bei einer Vorsetz auch so gemacht hat. Womit dieser Brauch hiermit, wie ich es der Luise ja fest versprochen habe, in diesem Buch nochmal erklärt und beschrieben wäre. Natürlich gabs bei einer Vorsetz viel mehr Beschäftigungen – da hat man manchmal auch Karten gespielt, oder gestrickt, gehäkelt und gebastelt: es war halt ein gemütliches Beisammensein, das heutzutage in den Zeiten des überschwappenden Fernsehkonsums leider aus gänzlich der Mode gekommen ist – so hockt heute jede(r) mutterseelenallein in seinem Fernsehsessel und ist einsam, während man sich früher in größerer Runde bei der Vorsetz getroffen hat, die im Übrigen wesentlich unterhaltsamer gewesen ist, als das meiste, was sie einem im buntflirrenden Fernsehprogramm allabendlich so alles zumuten.

Die Luise bemüht sich nach Kräften, dass die gute alte Tradition der Vorsetz nicht ganz von der Bildfläche verschwindet. Und deshalb ist sie das Jahr über – vor allem natürlich in der dunklen

Jahreszeit (genau wie früher) öfter mal unterwegs mit ihrer Ziehharmonik, sitzt dann bei einer Vorsetz entweder mit dabei oder gestaltet gleich ganz alleine ein abendfüllendes Programm für die Besucher der Vorsetz. Das alles tut sie aus Spaß an der Freude genauso, wie für die Wahrung der alten Tradition, die ihr sehr am Herzen liegt. Uneigennützig natürlich, wie überhaupt alles, was die Luise sonst so macht. Und wenn sie Geld für ihren Auftritt bekommt, dann wird das zu einhundert Prozent von ihr sofort gespendet, denn schon seit vielen Jahren sammelt sie fleißig Geld für ein kirchliches Entwicklungshilfeprojekt in Tansania.

Mit genau derselben Einstellung geht sie auch beim Bäumeschneiden ans Werk. Schon vor vielen Jahren hat sie einen Lehrgang als Baumwartin gemacht. Das gehöre schließlich zur Landwirtschaft dazu, dass man Bäume schneiden könne, hat schon ihr Vater immer gesagt, der auch Baumwart gewesen ist, aber aus dem Krieg nur noch mit einem Fuß heimgekommen ist. Da war ihm das Bäumeschneiden nicht mehr möglich. Das hat dann halt seine Tochter für ihn übernommen. Ganz genau und akribisch hat sie gelernt, wie man das macht – und seitdem ist sie nicht nur im eigenen Garten Baumpflegerisch aktiv, sondern auch in der ganzen Gegend rund um Schrozberg, denn es ist ja ein Jammer, wie die Obstbäume heutzutage oft aussehen.

Viele Bäume sind in den letzten Jahren als ökologische Ausgleichsmaßnahme gepflanzt worden, aber gleich nach dem Foto, auf dem sich die örtlichen Würdenträger stolz in der Zeitung als Bäumepflanzer präsentiert haben, sind die Jungbäume dann in Vergessenheit geraten: Weder in trockenen Zeiten gegossen und erst recht nicht mehr geschnitten worden. Es ist ein Jammer, wie hundsmiserabel diese Bäume deshalb aussehen. Etwas Gescheites kann da nimmer heranwachsen, wenn man die jungen Bäume über ihre ersten Jahre hinweg dermaßen vernachlässigt.

»Ein regelmäßiger Schnitt muss aber unbedingt sein, denn so ein Baum ist wie ein Kind. Und man kann ein Kind ja auch nicht einfach in die Welt setzen und es dann laufen lassen. Man muss es erziehen!« Genau das macht die Luise ehrenamtlich und überall. In ihrem Auto hat sie in den Wintermonaten deshalb immer eine Leiter im Kofferraum dabei, dazu eine Obstbaumsäge und eine Schere. Schließlich weiß man ja nie, an was für einem leidenden Pflänzchen man heute eventuell vorbeikommt, das dringendst einen Schnitt benötigt.

So war das auch vor einiger Zeit beim Schloss Kirchberg. Auf dessen Parkplatz waren von den neuen Besitzern, der Stiftung »Haus der Bauern«, Obstbäume gepflanzt worden. Hochstämme sogar. Eine lobenswerte ökologische Ausgleichsmaßnahme. Eigentlich …

Aber der Zustand dieser Bäume! Die waren ja überhaupt nicht geschnitten worden! Das hat die Luise schon von weitem gesehen und gleich gedacht: das geht ja gar nicht! Sofort hat sie die Leiter aus dem Auto geholt und sich ans Werk gemacht. Manche widerspenstigen Zweige hat sie sogar extra noch mit einer Schnur in die korrekte Position herunter gebunden – damit auch genügend Licht hineinkommt in das Astgerüst. Denn ohne Licht und Sonne gibt es keine gesunden Früchte, so einfach ist das. Einige Stunden später war das Werk zur vollsten Zufriedenheit von der Luise vollbracht. Jeder Baum hatte seinen korrekten Schnitt und würde von nun an wachsen, wie aus dem Lehrbuch.

So gesehen hatte also eine vorbildliche Obstbaumrettungsaktion ihr erfolgreiches Ende gefunden. Eigentlich …
Wenn da nur nicht diese Schnüre gewesen wären …
Blaue Plastikschnüre!

Und so nahm das Drama seinen Lauf. Denn kurze Zeit nach der erfolgreichen Schnittaktion fuhr der ahnungslose Chef der Stiftung mit seinem Auto auf dem Parkplatz vor und war augenblicklich wie vom Donner gerührt. Konnte das denn wirklich wahr sein oder spielten ihm seine Sinne einen üblen Streich?! Denn wie war es zu erklären, dass die wunderschöne ökologische Ausgleichsmaßnahme plötzlich mit hässlichen Plastikbändern verunstaltet war? Und zwar Baum für Baum! Welcher Bösewicht hatte ihnen hier einen derart üblen Streich gespielt?!

Diese Plastikschnüre! Unverzüglich mussten sie entfernt und der Unhold gefunden werden. Doch die Suche nach dem Frevler blieb zunächst ergebnislos – bis sich die Geschichte wieder einmal (wie das halt so ist in Hohenlohe) »buschtrommelmäßig« herumgesprochen hat und die Luise in Spielbach von der Sache mit dem tobenden Stiftungschef, der kurz vor einem Herzinfarkt gestanden habe, gehört hat.

Seltsam, dieser Wutausbruch … dabei hatte sie es doch nur gut gemeint! Der eigentliche Grund für den Verdruss war ihr völlig rätselhaft und so hat sie sich rasch ins Auto gesetzt und das Gespräch gesucht. Es hat nicht lange gedauert und beide Seiten waren sich einig: die Bäume hätten ja schon auf alle Fälle geschnitten gehört, nur diese blauen Plastikschnüre … also das bitte nimmer, zumindest nicht am Kirchberger Schloss. Bestens vertragen hätten sie sich übrigens gleich, ein sehr gutes Gespräch sei das gewesen, man sei praktisch sofort ein Herz und eine Seele gewesen, meinte die Luise hinterher. »Genau das ist ja immer das Wichtige. Man muss halt mit den Leuten sprechen, immer das Gespräch suchen, dann geht alles. Vor allem bei uns in Hohenlohe.«

Luise Wirsching ist eine Bäuerin vom alten Schlag, wie man sie heutzutage nur noch ganz selten findet. Sie ist in kleinstbäuerlichen

Verhältnissen aufgewachsen. Bloß ein paar Kühe waren im Stall. »Wir waren die ganz Armen. Das hat man auf der Schule in Blaufelden sofort gemerkt, wo ja die ganzen Bauernbuben von den großen Höfen auch gewesen sind – die haben genau gewusst, wer wie viele Kühe im Stall hat. Die haben uns nicht mal von weitem angeguckt, wenn es zum Tanzen ging. Da ist immer Hektar zu Hektar gekommen. Wir waren für die deswegen gar nicht vorhanden.«

Später hat sie einen Kleinbauern aus dem Dorf geheiratet und ist ihr ganzes Leben lang mit Leib und Seele (und viel Begeisterung) Bäuerin gewesen. Als sie vor ein paar Jahren die Kuhhaltung hat aufgeben müssen, hat ihr das arg weh getan, schließlich ist man in einem kleinbäuerlichen Betrieb mit seinen Viechern (die ja auch alle einen Namen haben) ganz besonders eng verbunden. Allein, wenn man zeitlebens daran gewöhnt ist, morgens und abends in den Stall zu gehen, dann fehlt einem plötzlich gewaltig etwas, wenn der Stall leer ist. Aber der Strukturwandel in der Landwirtschaft hat leider auch vor dem Hof der Wirschings nicht Halt gemacht.

Ja, dieser Strukturwandel! Viele Leserbriefe zu diesem Thema hat sie in der Zeitung geschrieben, hat auf die ganzen Umwälzungen hingewiesen und dass die kleinen Bauern immer die ersten sind, die alles abbekommen – aber so viel Zustimmung sie dafür auch erhalten hat, das Sterben der kleinen Höfe haben ihre Leserbriefe natürlich trotzdem nicht verhindern können. Zu ihrem großen Leidwesen nicht. Das ganze Dorfleben hat sich dadurch ja innerhalb weniger Jahrzehnte dramatisch gewandelt. Luise Wirsching versucht seitdem, wenigstens so viel wie möglich aus den alten Zeiten vor dem Vergessen zu bewahren: so sammelt sie alte Gerätschaften von anno dazumal in ihrer Scheune und hat dabei im Lauf der Jahre nicht nur einen großen Fundus an alter Technik, sondern auch an Wissen angehäuft. Stundenlang kann sie »von damals«

erzählen, als das Leben noch in einem viel langsameren Takt verlaufen ist: ihren Enkelkindern, Verwandten, zufälligen Besuchern, eben allen, die mal kurz vorbei kommen. Wobei aus dem »kurz mal vorbei kommen« dann ums Rumgucken gleich zwei bis drei Stunden werden. Denn die Luise kann erzählen, wie ein Wasserfall. Und dabei beginnt sie jeden dritten Satz mit der Formulierung: »Ich bin dann gleich fertig, aber das muss ich Dir schnell noch erzählen ...«

Ach ja ... Die »gute alte Zeit«.... Ja, da sind wir uns einig: die »gute alte Zeit«, die gab es früher nicht – denn alle hatten gleich von Geburt an ihren Stempel verpasst bekommen, den sie niemals wegwischen konnten, was vor allem im Hinblick auf die Rangordnung im Dorf so eine Sache war: einmal Kuhbauer, immer Kuhbauer. Auch solche Dinge darf man niemals vergessen. Es waren bockelharte Grenzlinien, die damals in so einem Dorf verlaufen sind. Da geht es uns heutzutage schon wesentlich besser. Allen. Aber trotzdem – oder gerade deswegen: vergessen darf man die Sitten und Gebräuche in den alten Zeiten auf gar keinen Fall, denn man muss immer wissen, woher man kommt, sonst weiß man nicht, wohin die Reise geht. Ein bisschen Orientierung schaffen in einer überreizten Zeit und dabei die Geschichten von gestern erzählen, manchmal auch welche von heute – und das alles immer mit diesem wunderbar warmen Mienenspiel, mit dem sie ihr Gegenüber aus ihren hellwachen Augen anlächelt: es ist schon eine schöne Erfahrung und auch immer ein Erlebnis, der Luise Wirsching zu begegnen. Einem echtem Hohenloher Original – mehr noch: einem hohenlohischen Urgestein, das mit beiden Beinen fest im hiesigen Boden verwurzelt ist!

Übrigens: inzwischen ist sie auch international bekannt, denn vor einiger Zeit hat der SWR einen kleinen Film über sie gedreht und diesen Film zeigt sie ganz stolz allen, mit denen sie ein bisschen länger ins Gespräch kommt (was ja, wie gesagt, eigentlich immer der Fall ist). Natürlich hat sie den Film auf ihrem Handy gespeichert, denn schließlich ist sie ja nicht von vorgestern. Also hat sie »ihren« Film vor einiger Zeit anlässlich einer Hochzeitsfeier auch gezeigt. Sogar Gäste aus Indien waren anwesend und von dem kleinen Fernsehportrait über die Luise so sehr angetan, dass sie sich den Film sofort auf das eigene Handy haben »rüberbeamen« lassen. Und siehe da: »Du glaubst es nicht: Jetzt ist mein Film plötzlich sogar auf diesem indischen Handy gelaufen! Und deshalb bin ich jetzt international berühmt!«

Worauf sie schon ein kleines bisschen stolz ist und einmal tief durchschnauft, bevor es jetzt aber wieder rasch an die Arbeit geht. Denn zum Schaffen gibt es für jemanden, wie Luise Wirsching aus Spielbach schließlich immer etwas.

»Halt. Ich hab' noch was für dich.« Und schon ist sie hinter der großen Scheunentür verschwunden, aus der sie wenig später lächelnd, mit vier kleinen Obstbaumsetzlingen in den Armen, wieder heraus kommt. »Des sind vier Zwetschgenbäume. Die hab' ich selber gezogen. Die schenk' ich dir.«

»Das ist nett von dir, Luise. Aber ich hab' in meinem Garten eigentlich gar keinen Platz mehr dafür. Schon gar nicht für vier Stück!«

»Du wirscht scho a schönes Plätzle dafür finden!« Damit drückt sie mir energisch die vier Bäumchen in die Hand. Ende der Diskussion. Denn jetzt muss sie wirklich dringend weiter. Die Obstbäume rund um Spielbach schneiden sich schließlich nicht von selber.

Und für die vier Zwetschgenbäumchen habe ich tatsächlich vier schöne Plätzle gefunden. Sie wachsen wunderbar.

Mystisches Taubertal

Die Ulrichskapelle in Standorf

Standorf. Im fränkisch-hohenlohischen Dialekt bedeutet das, dass dieses Dorf von steinigen Äckern umgeben ist. Karger Boden, eher raue Lage. Sehr mystisch klingt das nun nicht gerade. Und außerdem ist es schwer genug, das Ziel der Reise überhaupt zu finden, denn der erste (recht versteckte) Hinweis auf ein Dorf namens Standorf findet sich gerade mal einen Kilometer vor der Ansiedlung. Wer mit dem Fahrrad oder auf Schusters Rappen vom Taubertal her kommend, den steilen Hang erklommen hat, kommt deshalb leicht ins Schwitzen, denn: was wäre, wenn man womöglich den falschen Weg herauf geschnauft wäre? Nicht auszudenken! Gott sei Dank ist da jetzt also endlich ein Hinweisschild, das uns bestätigt, auf dem rechten Weg zu sein. Wenig später ist es dann geschafft und der Weiler Standorf bei Creglingen mit seinen gerade einmal 50 Einwohnern ist glücklich gefunden – doch gleich geht die Suche weiter. Nach der sagenhaften Ulrichskapelle, die hier doch eigentlich relativ leicht zu finden sein müsste. Aber da ist nichts. Weit und breit nichts! Kein Kirchturm und erst recht keine Kapelle. Vielleicht ein weiterer Wegweiser? Fehlanzeige!

Nach einigem Herumfragen geht es dann noch einmal kräftig steil bergauf, bis sich vor den staunenden Betrachtern endlich die Ulrichskapelle präsentiert. Schon auf den ersten Blick wird klar: diese Mühe hat sich gelohnt. Allein der ungewöhnliche Grundriss! Umgeben von einer wuchtigen Steinmauer wacht das gedrungene,

Die Ulrichskapelle in Standorf

eindeutig spätromanische Bauwerk über eine wundertätige Quelle am Fuß des Hügels. Schon seit der Keltenzeit soll dieser Ort als heilige Stätte verehrt worden sein. Nachweislich ab dem frühen Mittelalter hat es sogar eine Wallfahrt zur sogenannten Ulrichsquelle gegeben, von deren Wasser sich die Menschen Heilung bei Augenleiden versprochen haben. Auch Gottlob Haag fühlte sich ja von diesem Platz geradezu magisch angezogen und sprach immer von einem »Kraftpunkt«, dessen Magie ihn regelrecht nach Standorf gezogen habe. So verging normalerweise keine Woche, ohne dass er der Ulrichskapelle nicht einen Besuch abgestattet hätte. Ein mystischer Ort – seit Jahrtausenden.

Kein Wunder, dass im 13. Jahrhundert der damalige Ortsherr, Konrad von Hohenlohe-Brauneck, eben jene Stelle wie geschaffen dafür empfunden hat, hier ein Gotteshaus erbauen zu lassen. Und zwar nicht »irgendeine« Kapelle, sondern eine ganz besondere. Denn der Adlige hatte in den Jahren 1228 und 1229 am Kreuzzug des Stauferkaisers Friedrich II. teilgenommen. Mit ziemlicher Sicherheit war der Edelmann aus Hohenlohe deshalb auch im März 1229 an vorderster Stelle mit dabei, als sich Friedrich II. in der Jerusalemer Grabeskirche eigenhändig zum König von Jerusalem krönte. Und bei dieser Gelegenheit sollte Konrad von Hohenlohe-Brauneck etwas ganz besonderes in seine Obhut bekommen: das legendäre (angebliche) Grabtuch Christi! Einen der größten Schätze der Christenheit! Für die Aufbewahrung jener hoch verehrten Kostbarkeit habe er, so sagt es die Legende, eigens in Standorf die dem heiligen Ulrich geweihte Kapelle gebaut. Für diese Geschichte, so unglaublich sie aufs erste Hinhören auch klingen mag, spricht manches: die eindeutig spätromanische Bauweise, die Verehrung des heiligen Ulrich (des Bischofs von Augsburg, der zusammen mit Kaiser Otto dem Großen im Jahr 955 auf dem Lechfeld die Ungarn vernichtend geschlagen hat und somit als Verteidiger der Christenheit gefeiert wurde) und zusätzlich der eigenartige Grundriss der

Ulrichskapelle: vor wenigen Jahren konnte ziemlich exakt nachgewiesen werden, dass ihr Grundriss der Grabeskirche in Jerusalem nachempfunden ist. Nur eben im kleineren Maßstab. Und in genau jener Kirche hatte sich ja der Stauferkaiser die Krone aufgesetzt. Es spricht also einiges dafür, dass das Grabtuch Christi tatsächlich eine Zeitlang hier in Standorf aufbewahrt worden sein könnte! Eine atemberaubende Geschichte. Erst recht vor dem Hintergrund, dass manche Mystiker davon raunen, das Grabtuch sei identisch mit dem »Heiligen Gral«, diesem allerhöchsten Schatz, den die abendländische Ritterschaft schon seit dem sagenhaften Parzival über das gesamte Mittelalter hinweg vergeblich zu finden suchte.

Irgendwann in den Jahren nach dem Tod des Konrad von Hohenlohe-Brauneck soll das Grabtuch als Erbteil aus dem direkten Besitz der Familie verschwunden und ins burgundische »weitergewandert« sein, bis es auf stark verschlungenen Pfaden schließlich nach Turin gelangte, wo es sich heute unter strengster Bewachung im dortigen Dom befindet. Und wenn man sich nun einmal ausmalt, was gewesen wäre, wenn … Wenn sich also dieses Grabtuch, das die Christenheit seit Jahrhunderten in seinen Bann zieht, noch immer in der Ulrichskapelle befände? Dann wäre wohl vom »Standorfer Grabtuch« die Rede.

Doch auch ohne diese spektakuläre Reliquie besitzt das Taubertal mit Standorf, der Ulrichskapelle und dem keltischen Kraftpunkt an der Ulrichsquelle ein ganz besonderes Juwel. Kaum zu glauben, dass man unter der Woche selten Besucher an diesen wundersamem Ort antreffen kann. Gut, das mag auf seine ziemlich versteckte Lage zurückzuführen sein. Wobei es andererseits ja gerade diese Einsamkeit ist, die den Reiz von Standorf noch um ein Vielfaches verstärkt.

Saustark

Die kleine Schweineschule

»Sind Schweine faul?«
»Können Schweine schnarchen?«
»Ist so eine Sau eigentlich doof?«
»Wie wird aus dem Schwein ein Schnitzel?«

Fragen über Fragen – und auf alle weiß Kerstin Gronbach eine Antwort. Das ist nicht weiter verwunderlich, denn die Bäuerin aus Michelbach an der Heide bei Gerabronn ist die Erfinderin der »Kleinen Schweineschule«, einer Art Mini-Bauernhof auf Rädern.

Dass ausgerechnet sie es ist, die Scharen von begeisterten Kindern, »schweinemäßig gut« erklären kann, ob ein Schwein tatsächlich schnarcht, ob es wirklich faul ist oder dass so eine Sau im Grunde genommen sogar ein recht reinlicher Vierbeiner ist, das hätte sich Kerstin Gronbach als Jugendliche nie und nimmer träumen lassen.

Erst recht nicht nach ihrer Ausbildung zur Industriekauffrau. Ein Leben als Bäuerin auf einem kleinen Bauernhof irgendwo in einem (ziemlich) versteckten Zipfel von Hohenlohe? Undenkbar!
Aber dann kam alles ganz anders: die Liebe eben …
Doch kaum hatte das junge Ehepaar seinen eigenen Hausstand begründet und war drauf und dran, den Bauernhof der Eltern zu übernehmen, da dämmerte es der in betriebswirtschaftlichen Zusammenhängen geschulten Neubäuerin auch schon, dass es für

Kerstin Gronbach (mit Enkele) vor ihrer Kleinen Schweineschule

ihren Hof keine Zukunft mehr geben konnte. Zu klein, zu wenig spezialisiert, zu viel Kreditbedarf – und überhaupt: die 90er Jahre eben, in denen gerade die zweite Welle des Höfesterbens auf dem Land mit aller Wucht zugeschlagen hat. Wachsen oder weichen hieß jetzt die Devise: industrielle Produktion anstelle von kleinbäuerlicher, vielfältiger Landwirtschaft.

Was also tun? Dem Ehemann blieb nichts anderes übrig, als sich ein Auskommen außerhalb der Landwirtschaft zu suchen und als Monteur zu arbeiten – aber andererseits … im Gegenzug dafür die uralte bäuerliche Familientradition einfach aufgeben und sie damit endgültig an den Nagel hängen, das widerstrebte den Gronbachs doch sehr.

Vielleicht ginge es ja mit Zimmervermietung? Der angeblich existenzsichernde Strohhalm namens »Urlaub auf dem Bauernhof«. Von wegen! Denn welcher Tourist kommt schon »einfach so« nach Michelbach an der Heide – und zahlt fürs Zimmer mit Frühstück samt einer Art 24-Stunden-Rundum-Betreuung auch noch ein gutes Geld?

Kerstin Gronbach hat rasch gemerkt, dass hier Aufwand und Ertrag schlichtweg nicht zusammen gepasst haben und hat also weiter nach der zündenden Idee für das Überleben ihrer kleinen Landwirtschaft gesucht, bis … ja, bis sie gemerkt hat, wie gut sie mit ihrer offenen Art und ihrem erzählerischen Talent bei Kindern ankommt. Saugut sogar. Genau das war es dann auch. Einerseits.

Während sich andererseits die Beobachtung hinzu gesellte, dass die Kinder heutzutage ja beinahe gar nichts mehr über das Leben auf einem Bauernhof wissen. Und über Lebensmittel gleich zweimal nichts. Denn die kommen ja alle aus dem Supermarkt. Wohlgemerkt: die Rede ist längst nicht nur von den Kindern aus der Stadt.

Auch die vom Land haben nur noch selten eine Ahnung davon, wie es so zugeht im Stall bei Eber, Sau und Kuh.

Immer öfter hat sie deshalb also Schulklassen zu sich auf den Hof eingeladen und der staunenden Jugend dabei erklärt, wie das Schwein zum Schnitzel wird und dass man das Tier davor halt schlachten muss, wenn man ein schönes, knuspriges Schnitzel auf dem Teller haben will.

Zu brutal? »Ach was! Ich sag's den Kindern einfach so, wie es nun mal ist. Ich rede mit ihnen in ihrer Sprache und die verstehen das dann auch.« Wie die Milch ins Glas kommt und die Gänsefedern in die Bettdecke, wie das Mehl zum Brot wird und und und …

Doch immer noch war das alles nur ein Vorspiel, noch immer hatte es nicht so ganz richtig gezündet. Die entscheidende Weichenstellung kam eines Tages eher zufällig daher, in Form einer verblüffend einfachen Wegweisung: »Pack doch einfach mal ein Schwein ins Auto und komm damit in die Schule. Da kannst du mehr Kinder erreichen, als auf deinem Bauernhof«, hat ihr ein Lehrer beiläufig empfohlen. Das war es! Die Initialzündung! Eine saumäßig gute Idee!

Erst recht deshalb, weil Kerstin Gronbach die Idee sofort umgesetzt hat – und schon war die mobile Schweineschule gegründet. Natürlich nicht mit einem Schwein direkt im Auto. Aber dafür im Anhänger. Das war bezahlbar. Genauso wie ein schöner blauer Overall mit rosa Schweinchen drauf, ein feuerrotes Kopftuch, blitzblanke Gummistiefel – und fertig war »Die kleine Schweineschule« samt einem saustarken Auftritt!

Seitdem fährt die »Rektorin« der Schweineschule also mit einer Handvoll Ferkeln im Anhänger übers Land, gut und gerne 80 mal im Jahr, bringt den staunenden Schulkindern bei, wie sich beispielsweise die Haut im Nacken eines Ferkels anfühlt – und beantwortet unter unzähligen anderen Fragen geduldig auch jene, ob die Schweine nun schnarchen oder nicht. Dabei scheint es übrigens keine Frage zu geben, auf die sie nicht eine umfassende Antwort wüsste. Vor allem bei Schülern der Klassen 4 bis 7 kommt diese Art des lebendigen Unterrichts bestens an – noch tagelang später sind sie und ihre niedlichen Ferkel das Hauptgesprächsthema auf dem Pausenhof.

Ein im Grunde genommen verblüffend einfacher Gedanke – in der mobilen Schweineschule perfekt umgesetzt. Und dazu hin schon mit vielen Preisen ausgezeichnet. Lorbeeren, auf denen sie sich ausruhen könnte. Doch das ist nicht Kerstin Gronbachs Sache. Sie hat schließlich jede Menge weiterer pfiffiger Ideen rund um Schwein und Co, die allesamt noch der Verwirklichung harren, weswegen die engagierte Bäuerin munter weiter in die Zukunft plant. Jeden Euro, den sie mit ihrer mobilen Schweineschule verdient hat, investierte sie in ihr Projekt des Schweine-Kindergartens und eines Schweine-Schullandheims. So können sich inzwischen ganze Schulklassen drei Tage und Nächte lang bei Kerstin Gronbach tummeln, auf mit hofeigenem Stroh gefüllten Jutesäcken übernachten, am Lagerfeuer grillen, ihr Essen alle zusammen zubereiten (und natürlich auch gemeinsam den Abwasch erledigen), die Schweinequiz-Rätsel knacken, Geschichten hören, Lieder singen. Für eine schweinisch gute Atmosphäre ist dabei garantiert gesorgt.

Kein Wunder also, dass sich sogar komplette Kindergeburtstage im Schweinestall einer äußerst großen Beliebtheit erfreuen, bis hin zu »Event«nachmittagen in der Schweineschule – das ist den Kids selbst in modernen Smartphonezeiten tatsächlich lieber, als irgendwelche öden Achterbahnfahrten in einem sauteuren Vergnügungspark!

Von wegen, die Landwirtschaft locke heutzutage keine Jugendlichen mehr vom Computer weg: die »Kleine Schweineschule«, weit, weit entfernt von den großen Ballungszentren, beweist das genaue Gegenteil: sie ist schlichtweg der (saustarke) Renner!

Ach ja, da wäre jetzt noch die Frage vom Anfang zu klären, ob so ein Schwein nun schnarcht oder nicht? Tja… wissen Sie was? Machen Sie doch am besten einmal selbst einen Besuch in Michelbach an der Heide und erkundigen sich direkt bei Kerstin Gronbach. Die weiß ganz sicher eine Antwort. Großes Schweine-Ehrenwort!

Grunz!

Schloss Bartenstein

Geburtsort der Fremdenlegion

Dornröschenschlaf. Jahrhunderte lang. Auf diesen Gedanken könnte verfallen, wer das kleine hohenlohische Städtchen Bartenstein zum ersten Mal besucht. Ein Ensemble, fast wie aus dem Märchenbuch. Dornröschen eben.

Kaum zu glauben, dass es hier vor gut 200 Jahren gänzlich anders zugegangen sein soll, vor allem im gleichnamigen Schloss Bartenstein, einer zu jenen Zeiten in höchstem Maße prunkvollen Residenz der Fürsten von Hohenlohe-Waldenburg-Bartenstein.

Noch immer säumen die ehemaligen Häuser der Hofbeamten und Dienstboten die Straße, die kerzengerade auf das Schloss zu führt.

Der heutige Schrozberger Ortsteil Bartenstein ist ein in Deutschland einzigartiges Idealbild einer klitzekleinen Stadt von geradezu beispielhafter spätabsolutistischer Prägung, die in unserem neuen Jahrtausend ihren nostalgischen Traum von längst verwelkter Blüte träumt. Denn immerhin durfte sich Bartenstein in seinen Glanzzeiten mit Fug und Recht als einer der kulturellen Mittelpunkte nicht nur von Hohenlohe, sondern von ganz Süddeutschland rühmen lassen.

So fand hier beispielsweise im Winter des Jahres 1796 eine der allerersten Aufführungen von Mozarts »Zauberflöte« statt, einer

Bartenstein

Oper, die erst fünf Jahre zuvor in Wien ihre Premiere erlebt hatte. Für dieses vielbestaunte kulturelle »Highlight« hatte der kunstsinnige Fürst Leopold von Hohenlohe im Garten seines Schlosses sogar extra ein Theater bauen lassen. Aber das war noch längst nicht alles: der Erbprinz Ludwig Aloys höchstpersönlich hat als »Tamino« mitgesungen, sein Bruder Prinz Karl Joseph war der »Sarastro« und ihr Hofrat Godin spielte den »Papageno«. Für die weiteren Rollen hat man Diener und Einwohner vom Residenzstädtchen Bartenstein verpflichtet. Es muss ein Bild für Götter gewesen sein! Musikalisch begleitet wurde die Aufführung von der fürstlichen Hofkapelle, die sich die vornehmen Herrschaften natürlich ebenfalls geleistet haben.

Schon zur Zeit der Zauberflöten-Inszenierung hatte sich Ludwig Aloys aber noch auf einem ganz und gar anderen Gebiet einen Namen gemacht – und zwar als Oberbefehlshaber des Bartensteinischen Jägerregiments, mit dem er auf der Seite der Bourbonen gegen das französische Revolutionsheer zu Felde gezogen ist. So hat er sich zwischen 1792 und 1794 in der Armee des Prinzen Condé mit seinem Regiment in sämtlichen Schlachten gestürzt und ist nach der Niederlage der Königstreuen erst in holländische, dann in österreichische Dienste gewechselt, wo er weiterhin wacker gegen das revolutionäre Frankreich kämpfte. Inzwischen war er nach dem Tod seines Vaters auch noch regierender Fürst der Linie Hohenlohe-Bartenstein geworden und gab in seinem Residenzstädtchen mehreren hundert französischen Offizieren aus der geschlagenen Armee der Bourbonen Unterschlupf. Zeitweise haben damals mehr Franzosen in Bartenstein gewohnt, als Einheimische. Was im Übrigen auch der Grund dafür ist, dass manch heutiger Bartensteiner einen französischen Vorfahren in seinem Stammbaum finden kann … (womit sich auch die Frage klären lässt, weshalb seit dem frühen 19. Jahrhundert das »bœuf de Hohenlohe« in den Pariser Feinschmeckertempeln so bekannt und gleichermaßen begehrt gewesen ist).

Der Grund für all das, also Fürst Ludwig Aloys von Hohenlohe-Bartenstein, muss nicht nur ein äußerst tapferer Soldat, sondern auch ein glänzender Stratege gewesen sein – einer der wenigen militärischen Anführer, die dem gewieften Taktiker Napoleon Bonaparte in dieser Hinsicht das Wasser reichen konnten. Kein Wunder, dass Napoleon alles versuchte, den lästigen Gegner lieber in seine Reihen zu ziehen. Er hat sogar versucht, dem Hohenloher einen Seitenwechsel mit dem Versprechen schmackhaft zu machen, im krassen Gegensatz zu seiner ansonsten ja drastisch verlaufenen »Bereinigung der deutschen Landkarte« werde er die Souveränität von Bartenstein nicht antasten. Doch gleich zweimal schlug Ludwig Aloys das Angebot Souveränität gegen Frontenwechsel brüsk aus. Er war und blieb ein Königstreuer – der »Usurpator« Napoleon war ihm zutiefst zuwider, so hoch der Preis auch sein würde, den sein kleines Fürstentum deswegen zahlen musste. Denn der Kaiser der Franzosen war wegen der eiskalten Ablehnung seiner sensationell großzügigen Offerte auf das heftigste verschnupft und fackelte nun nicht mehr lange, sondern ließ die schöne Residenz des Bartensteiners ruck-zuck dem neu entstandenen Königreich Württemberg mit dem dicken König Friedrich an der Spitze einverleiben. Ausgerechnet die Württemberger! Tja … Selber schuld.

Doch wer zuletzt lacht, lacht am besten, mag sich der nunmehrige »Fürst ohne Land« möglicherweise gedacht haben und kämpfte weiterhin in den verschiedensten Armeen wacker gegen Bonaparte – bis zu dessen vollständiger Niederlage.

Nach Napoleons Ende trat Ludwig Aloys auf Bitten des neuen französischen Königs als Generalleutnant endlich doch noch in Frankreichs Dienste, jetzt aber, um die Bourbonen beim Neuaufbau einer

Armee zu unterstützen. Ausgerechnet die französische Armee, gegen die er doch so viele Jahre lang gekämpft hatte! Das ist der Grund, weshalb man ihn als den »Landsknecht im Fürstenrang« tituliert hat. Immerhin erhielt Ludwig Aloys vom König als Dank für seine Mitarbeit das Schloss von Lunéville zum Geschenk und dazu die Erlaubnis, sein eigenes Regiment, die »Legion Hohenlohe«, aufzustellen. Insgesamt kam dieses auf die stattliche Zahl von 2450 Mann. Es handelte sich dabei um eine wahrhaft bunte Truppe, die er aus den Resten der ehemaligen napoleonischen Fremdregimenter zusammen gewürfelt hatte (Schweizer, Deutsche, Polen und andere, die nicht mehr in ihre Heimatländer zurückkehren konnten oder wollten).

Auch dabei ist er offenbar mit einem solchen Geschick zu Werke gegangen und hat sich im französischen Militärdienst dermaßen hervorgetan, dass ihn der höchst zufriedene König mit weiteren Ehrungen geradezu überhäuft hat. So hat Ludwig Aloys von Hohenlohe-Bartenstein sogar die französische Ehrenbürgerwürde erhalten, er war Pair von Frankreich und außerdem durfte er sich auch noch Graf von Lunéville titulieren. Im Jahr 1827 wurde er überdies zum Marschall von Frankreich ernannt. Nach seinem Tod am 21. Mai 1829 (im Alter von 64 Jahren) ist er mit den höchsten Ehren auf dem Pariser Soldatenfriedhof beigesetzt worden und aus seiner »Legion Hohenlohe« ist wenig später, im März 1831, die französische Fremdenlegion hervor gegangen, die bis heute den Fürsten aus Hohenlohe als einen ihrer Gründerväter betrachtet.

Ob das nun freilich eine Tatsache ist, auf die man voller Stolz verweisen sollte, oder lieber doch nicht, das scheint angesichts der nicht immer rühmlichen Geschichte der Fremdenlegion zwar höchst fraglich, aber dennoch ist es eben Fakt: Ein Hohenloher hatte maßgeblichen Anteil an der Gründung der Fremdenlegion! Erstaunlich! Punkt.

Und was ist aus Bartenstein geworden, dem Heimatort von Ludwig Aloys, der zu dessen Lebzeiten so viele rauschende Feste erlebt hatte? Die große Zeit der kleinen Landresidenz war mit der Einverleibung ins Königreich Württemberg endgültig vorbei. Weitgehend unbeachtet von der Stuttgarter Verwaltung dämmerte man jahrzehntelang im nordöstlichen Windschatten des Landes halt so vor sich hin: am abblätternden Putz an der Schlossfassade konnte man das bis vor kurzem überdeutlich erkennen.

Umso erfreulicher, dass sich in und um Schloss Bartenstein seit einigen Jahren wieder künstlerische und kulturelle Initiativen regen, und dass es sogar gelungen ist, an dieser wahrhaft historischen Stätte die »Zauberflöte« neu aufzuführen, was den zahlreichen faszinierten Zuschauern eine Ahnung vom Glanz einer längst vergangenen Epoche in hintersten Winkel von Hohenlohe hat vermitteln können.

Und die Fürstenfamilie Hohenlohe-Bartenstein? Auch die gibt es tatsächlich immer noch. Kaiser und Könige sind gekommen und gegangen – Bartenstein hat allen Stürmen getrotzt. Manches scheint sich in Hohenlohe halt nie zu ändern. Dornröschen sei Lob und Dank.

»Hier liegen meine Gebeine – ich wollte, es wären Deine«

Der lachende Philosoph

»Was hatte der Engel Gabriel für Federn im Flügel? Hatte schon Adam einen Nabel? Hat sich wohl Pilatus mit Seife gewaschen, ehe er Jesus verurteilte? Ist das Tal Josaphat groß genug, das Weltgericht abzuhalten? Hätte nicht schon ein Tropfen Christ Blut hingereicht für die Sünde der Welt?«

Nicht schlecht, oder? Von wem das stammt? Von Carl Julius Weber aus Langenburg!

Dem im Laufe der Jahre völlig zu unrecht in den Windschatten geratenen, mutmaßlich größten Sohn von Langenburg. An der Fassade des Hauses, in dem er um den 16. April 1767 herum geboren worden ist, prangt sein von Rosen umranktes Konterfei. Heute ist hier die Stadtverwaltung untergebracht.

Nachdem ich das gelesen hatte, hat es nicht mehr lange gedauert, bis mich Leben und Werk von Carl Julius Weber so richtig begeistert haben.

Der war nämlich ein wirklich toller Hecht! Beispielsweise hat er verfügt, dass man dereinst an seinem Grab Zigarren rauchen und einen Purzelbaum schlagen solle. Und die Inschrift auf dem Grab-

Erinnerung an Carl Julius Weber in Langenburg

stein habe zu lauten: »Hier liegen meine Gebeine – ich wollte, es wären deine.« Das hat seine Familie dann aber doch nicht gewagt, sondern am heute noch existierenden Grabmal des Carl Julius Weber auf dem Friedhof in Kupferzell einen lateinischen Text anbringen lassen, der auf Deutsch übersetzt in etwa lautet: »Ich scherzte gern, doch gottlos lebt' ich nicht. Ich weiß im Sterben Nichts, doch fürcht' ich kein Gericht. Der Menschheit Los ist irrend und unwissend sein. Du Wesen aller Wesen. Erbarm dich mein!«

Wow!

Carl Julius Weber, geboren 1767 in Langenburg, gestorben und begraben 1832 in Kupferzell. Das klingt ja zunächst irgendwie nach einem Menschen, der die Hohenlohische Provinz nie verlassen hat. Aber von wegen Provinzler! Hält man sich die damaligen Beschwernisse beim Reisen vor Augen, dann ist der Mann in jungen Jahren ganz ordentlich in der Weltgeschichte herumgekommen. Nach dem Besuch der Langenburger Lateinschule durfte er als heller Kopf aufs hohenlohische Landesgymnasium nach Öhringen, wo er sich für die Schriften der großen französischen Philosophen wie Rosseau und Voltaire begeistert hat. Danach gings nach Erlangen zum Jurastudium.

Schon mit 23 Jahren wurde er Hofmeister (so etwas wie eine Art Kulturbeauftragter) einer wohlhabenden Bankiersfamilie am Genfer See und ist mit denen in ganz Europa umher gereist. Anschließend hat er den Posten eines Kabinettsekretars beim Statthalter des Deutschritterordens in Mergentheim bekleidet, der damals ja noch ein eigenes Staatsgebilde war. Der Großmeister des Deutschen Ordens hat seinen Rat sehr geschätzt. Mit anderen Worten: dieser Carl Julius Weber war nicht irgendwer, sondern ein hochangesehener und dazu bestens bezahlter Regierungsberater. Nach der von Napoleon befohlenen Auflösung des Deutschen Ordens hat er zwar seinen Job verloren, aber rasch einen neuen bekommen: jetzt als fürstlicher Hofrat des Grafen von Ysenburg-Büdingen, wo er wegen diverser Meinungsverschiedenheiten jedoch bereits im Jahr 1804 seinen Abschied genommen hat, der ihm mit einer fürstlichen Abfindung wahrhaft vergoldet wurde und so konnte er sich schon im zarten Alter von 37 (!) Jahren als Privatier in eine Art Ruhestand verabschieden.

Seitdem hat er bei der Familie seiner Schwester gelebt, zunächst in Jagsthausen, danach ist er mit ihnen weitergezogen nach Weikersheim, Künzelsau und schließlich eben nach Kupferzell, wo er am 19. Juli 1832 verstorben ist und begraben wurde. Zwischendurch hatte man ihn noch für vier Jahre als Abgeordneten des Oberamts Künzelsau in die Württembergische Ständekammer gewählt, aber er hat schon bald erkannt, dass die Politisiererei nichts für ihn und seine manchmal recht liberalen Ansichten gewesen ist. Eine Wahlperiode war ihm deshalb mehr als genug und fortan wollte er nur noch als Schriftsteller und Privatgelehrter tätig sein, was ihm dank der Erlöse aus seiner üppigen Abfindung auch problemlos möglich war.

In dieser Zeit hat er dann die zu seinen Lebzeiten äußerst populären Reiseberichte »Deutschland – oder Briefe eines in Deutschland reisenden Deutschen« verfasst, die schließlich vier Bände dick geworden sind und die uns heutzutage wie durch eine Art Zeittunnel die Sitten und Gebräuche vor gut 180 Jahren wieder auferstehen lassen. Mitsamt zahlreichen, noch heute zwerchfellerschütternden Episoden. Wie in der Geschichte mit dem Barbier: »Jener Franzose, der den Barbier nicht wenig anhunzte, als dieser auf die Seife spuckend ihn einseifen wollte, hörte, dass nur Honoratioren so behandelt würden. Gemeinen Leuten aber würde gerade ins Gesicht gespuckt und dann die Seife eingerieben«.

Donnerwetter: da hat einer aber wirklich ganz genau zugeguckt! Schade, dass so jemand beinahe vergessen gewesen ist. Immerhin scheint Weber momentan eine kleine Renaissance zu erleben. Beispielsweise ist sein Hauptwerk »Demokritos – oder Hinterlassene Papiere eines lachenden Philosophen« inzwischen wieder neu aufgelegt worden. Und das hatte (und hat es noch) ganz schön in sich.

Denn beispielsweise philosophiert und räsoniert der Gute darin mit messerscharfer Feder über die vier klassischen Fakultäten Juristerei, Medizin, Philosophie und Theologie: »Niemand hat das Recht mehr verdreht, als die Juristen, niemand die Gesundheit so verdorben, als die Ärzte, niemand komischeren Unsinn behauptet, als die Philosophen, und die Schlüssel zum Himmelreich sind wahre Dietriche«. Das war gewaltig starker Tobak. Carl Julius Weber freilich findet für all seine Thesen wunderbare und vor allem höchst amüsante Begründungen.

So wie diese: Fragt der Kurfürst seinen Hofprediger: »Wie kommen Große am leichtesten in den Himmel?« – Antwort: »Wenn sie das Glück haben, in der Wiege zu sterben«.

Und noch so ein schönes Zitat, mitten aus dem prallen Leben des 19. Jahrhunderts gefischt: »Sagt die Frau des Pfarrers kurz vor der Sonntagspredigt zu ihrem Mann: »Machs heute recht lang – sonst wird die Gans nicht weich«.«

Aber auch die anderen kriegen ihr Fett ab: »Was ist Recht? Diese Frage setzt Juristen in so große Verlegenheit als Philosophen die Frage: was ist Wahrheit?«

Beinahe bedrückend aktuell ist diese Webersche Erkenntnis: »Wenn die Menge der Gesetze ein Volk glücklich machte, so stände das Deutsche oben an, aber schon Plato war der Meinung: Je mehr

Gesetze, desto mehr Streit und Unordnung. Einen rechten Juristen beim Recht festzuhalten ist so schwer, als eine Sau beim eingeseiften Schwanz.«

Wer als Jünger des Hippokrates über solche Sätze schallend gelacht hat, dem dürfte bei der weiteren Lektüre der Lacher freilich im Hals stecken geblieben sein, denn im Kapitel über die Ärzte heißt es: »Warum wurde man im alten Testament so alt? Antwort: Es gab noch keine Ärzte!«

Und so geht es munter weiter: »Selbst der Hanswurst verdient, gehört zu werden, der seinem kranken Kameraden auf die Frage: ›Was soll ich nehmen?‹ erwiderte: ›Dich in Acht!‹«

Worauf Weber noch so einen sinnigen Spruch anhängt: »Freude, Müßigkeit und Ruh', schließt dem Arzt die Türe zu.«

Dem ist nichts mehr hinzu zu fügen, außer vielleicht die Anmerkung, wie schade es gewesen wäre, wenn man so einen blitzgescheiten Denker vergessen hätte. Hat man aber in Langenburg und Kupferzell glücklicherweise nicht: das Andenken an Carl Julius Weber, den augenzwinkernden Philosophen aus Hohenlohe, bleibt gewahrt.

Eine Wallfahrt durch Hohenlohe

Von Liebesdorf nach Schön

Endlich!

Der überlange Winterschlaf: vorbei, der rote Roller: sorgfältig geputzt und frisch betankt. Hinterreifen erneuert, TÜV erledigt, Batterie startklar.

Na dann …

… steht einem schönen neuen Rollerausflug nichts mehr im Wege. Noch nicht einmal das Wetter. Das angekündigte Hoch befindet sich bereits im Anmarsch – und das braucht man auch als Rollerfahrer schon, wenn die Tour wirklich Spaß machen soll. Unter 20 Grad Celsius (plus natürlich!) geht beim Rollerfahren wenig. Gemächlich über die Landstraße rollern und sich den ersten Duft des Sommers in die Nase strömen zu lassen, das ist einfach herrlich. Aber wohin soll es diesmal gehen? Egal! Denn für so eine Tour durch Hohenlohe ist immer schon der Weg selbst bereits ein Teil des Ziels.

Beginnen wir heute ganz im Osten, im Taubertal unterhalb von Rothenburg. Denn rund um die ehemalige Rothenburger Landhege liegen uns die schönsten Ausflugsziele auf der genauso holprigen, wie märchenhaft schönen Strecke sozusagen direkt vor den Rollerrädern: Also erst einmal das Taubertal hinunter – bis knapp

Die Jagst bei Bächlingen

hinter die bayrisch-württembergische Landesgrenze. Vorbei an der Holdermühle, die so geschickt direkt auf dieser Grenze liegt, dass der eine Teil der Tische in der Gastwirtschaft mit schwarz-gelben (württembergischen) und der andere mit weiß-blauen (bayrischen, anstatt fränkisch rot-weißen!) Tüchern bedeckt ist. Übrigens haben die Rothenburger zu Reichsstadt-Zeiten einstmals einen Holdermühlen-Müller in dessen eigenem Brunnen ertränkt – weil der ihnen plötzlich keine Steuern mehr zahlen wollte. Womöglich ist der heutige Mühlenbesitzer aus diesem kühlen Grunde Steuerberater geworden.

Die allmählich wieder bewirtschafteten Weinberge entlang der Taubertalstrecke erinnern uns daran, dass diese Gegend einst eine große Weinbautradition besessen hat – und dank der Weinlage Tauberzeller »Hasennestle« allmählich auch wieder stärker ins Bewusstsein der Wein- und Traubensafttrinker kommt. Denn vor allem die weißen Sorten, also Müller-Thurgau und der in Franken besonders traditionsreiche Sylvaner würden das schon verdienen. Aber auch die neuesten Anbauversuche mit dem sogenannten »Gemischten Satz«, dem gemeinsamen Anbau und der Kelterung von weißen und roten Trauben, so wie das früher üblich gewesen ist, geben Anlass zur Hoffnung.

Und schon sind wir in Schön angelangt. Was es da besonderes zu sehen gibt? Nun ja … eigentlich nix … aber zumindest ist es doch ein nettes Erlebnis, auf der Straße an einem Wegweiser vorbei gekommen zu sein, auf dem geschrieben steht: »Schön«.

Aber jetzt! Jetzt kommen Sehenswürdigkeiten und Besonderheiten am laufenden Meter. Creglingen! Das ist ja sowieso ein schönes Städtchen. Und das wunderbar renovierte Romschlösschen dort: ein echter Hingucker! Wie so vieles andere hier. Auch das alljährlich stattfindende Rosenfest ist wirklich reizend. Wo also anfangen, wo aufhören? Zunächst einmal darf auf gar keinen Fall unerwähnt bleiben, dass in einem Creglinger »Stadtteil«, dem kleinen Dorf Reinsbronn im Steinlachtal, der dortige Theaterverein »Bühnenzinnober« schon seit mehr als drei Jahrzehnten mit großem Erfolg Theaterstücke aufführt, die alle aus der Feder des Journalisten (und Gottlob-Haag-Ehrenringträgers) Arno Boas stammen. Also: nichts wie hin, wenn hier mal wieder Theaterabend ist. Viele dieser Stücke haben sie im sehenswerten »Geyerschloss« gespielt, in dem man übrigens auch übernachten kann.

Und natürlich … ist ein Besuch der Creglinger Herrgottskirche tatsächlich ein »Muss« – und lohnenswert noch dazu. Nicht nur wegen der Gründungsgeschichte, die besagt, dass einstmals ein Bauer beim Pflügen in seinem Acker eine unversehrte Hostie gefunden habe und sich die Kunde von diesem Wunder wie ein Lauffeuer überall herum gesprochen habe. Eine Wallfahrt sei daraus entstanden, worauf der Graf Conrad von Hohenlohe-Brauneck an der Hostien-Fundstelle eine Kirche hat erbauen lassen. Tragik der Geschichte: nur ein Jahr nach Fertigstellung der Herrgottskirche ist die einst so hoch bedeutende Linie der Herren von Hohenlohe-Brauneck ausgestorben.

Aber es gibt natürlich noch einen weiteren Grund für einen Besuch in der Herrgottskirche. Denn hier kann man einen Altar von Tilmann Riemenschneider, einem der bekanntesten Holzschnitzer der deutschen Spätgotik und Renaissance, bewundern – sogar ein Selbstbildnis des Künstlers soll in der rechten Nische des im Jahr 1510 entstandenen Altars zu sehen sein. Der ganz besondere »Clou« an diesem Riemenschneiderwerk ist übrigens die Tatsache, wie er seinen nahezu 11 Meter hohen Marienaltar in der Kirche platziert hat: nämlich genau so, dass exakt am höchsten Festtag der Muttergottes, also am 15. August, an Mariä Himmelfahrt, gegen Abend ein Lichtstrahl durch das Kirchenfenster direkt auf das

Antlitz der Maria, der Schutzheiligen von Franken, fällt. Nur an diesem einen einzigen Tag. Ein raffiniertes Meisterstück.

Auf die Höhe nun nach Finsterlohr. Dort findet sich das »Keltische Oppidum« – und dieses ist immerhin die siebtgrößte bisher bekannte keltische Anlage in ganz Europa. Was kaum jemandem selbst in nächster Nähe bisher so richtig bekannt ist. Und dabei handelt es sich ja wirklich um eine regelrechte archäologische Schatztruhe aus der Zeit um 200 vor Christus, die der Wissenschaft bis heute Rätsel aufgibt. Denn nach wie vor ist nicht geklärt, ob dieses »oppidum« dauerhaft besiedelt war oder den in der Umgebung lebenden Menschen nur als Fluchtburg in Kriegszeiten gedient hat. Rätselhaft und geheimnisumwittert – genau so wie das Volk der Kelten. Schade nur, dass diese sperrigen lateinischen Begriffe, die man auch der Keltensiedlung in Finsterlohr verpasst hat, vielen Leuten die Freude an der Beschäftigung mit diesem faszinierenden Kapitel der Frühgeschichte unseres Landes nehmen. »Oppidum«. Das heißt auf lateinisch »Stadt«. Ist also ein römischer Begriff. Doch Latein haben die Kelten auf gar keinen Fall gesprochen. Und wir heutzutage ja normalerweise auch nicht. Pseudowissenschaftliche Begriffsverwirrung also. Schade. »Keltensiedlung«. Das würde doch genauso gut gehen, oder?

Schnell weiter, schließlich sind der Tag und die Gegend viel zu schön zum Kopfschütteln. Auch das nächste Ziel ist (logischerweise) wirklich sehenswert. Schon von weitem thront die Wehrkirche von Wildentierbach über dem Dorf. Klassisch geradezu. Denn sie hatte einst eine wichtige Schutz- und Verteidigungsfunktion. Was kein Wunder ist, wenn man bedenkt, dass das Dorf Wildentierbach einst zum Rothenburger Staatsgebiet gehört hat – wenngleich es außerhalb der eigentlichen Landwehr gelegen war. Weshalb sich der rothenburgische Außenposten mit einer besonders wehrhaften Fluchtburg schützen musste. Auf dem hiesigen

Friedhof liegt Gottlob Haag begraben, der große Lyriker von Hohenlohe.

Rings um das Vorbachtal, in dem wir uns mittlerweile tummeln, liegt übrigens der hohenlohische »Bieräquator«.

Denn nirgendwo sonst tummeln sich im hohenlohischen auf so engem Raum so viele traditionsreiche Klein- und Kleinstbrauereien, die das Braustättensterben in den 70ern und 80ern glücklicherweise überstanden haben: Spielbach mit der »Gold-Ochsen«-Brauerei, etwas weiter im Norden Herbsthausen bei Mergentheim, mitsamt dem »Herbsthäuser Bier«, keine zehn Kilometer südlich

Glückliche Kuh vor der Demeter-Molkerei in Schrozberg

treffen wir auf den winzigen Ort Riedbach, dessen mächtiges »Frankenbräu«-Brauhaus alle anderen Gebäude weithin überragt – und wiederum nicht allzu weit entfernt findet sich der »Schmetzer« in Michelbach an der Lücke, gleich an der ehemaligen Landhege-Grenze. Dann wäre da eigentlich noch eine fünfte Braustätte, doch leider hat es das »Raboldshauser Bier« nicht mehr ganz ins 21. Jahrhundert hinüber geschafft. Schade.

Aber dafür gibt es ja Schrozberg. Samt der Schrozberger Molkerei. Bei ihr handelt es sich um eine von den hohenlohisch-fränkischen Bauern betriebene, demokratisch geführte Genossenschaft. Diese wiederum ist inzwischen immerhin zur größten deutschen Demetermolkerei gewachsen. »Demeter«: das bedeutet, dass die Mitgliedschaft noch wesentlich strengeren Kriterien unterworfen ist, als einfach »nur« Bio. So dürfen den glücklichen Kühen auf solchen Bauernhöfen beispielsweise nicht die Hörner abgesägt werden, wie dies ansonsten meistens üblich ist. Nicht nur den Tieren kommt das zugute, sondern auch der Milch, heißt es. Echt fränkischer Biomilch. Wo gibt es das sonst noch?! Und erst der Joghurt! Vor allem der mit Rosenblüten drin! Ja, sie haben richtig gelesen! Rosenblüten! Demeter-Qualität natürlich. Und das schmeckt, kann ich Ihnen sagen! Himmlisch! Die einzige Schwierigkeit dabei besteht für mich nur darin, dass ich grundsätzlich erst aufhören kann, wenn das ganze Glas leergelöffelt ist.

Weiter geht es auf der Hohenloher Ebene, die hier tatsächlich einmal eine »echte« Ebene ist. Speckheim, Funkstatt, Windisch-Bockenfeld, Leuzendorf und Metzholz. Alles uralte kleine Orte, in denen der 30-jährige Krieg einst sein heftiges Unwesen getrieben hat. Noch heute sind die Geschichten hier unvergessen, als im Jahr 1627 Tillys Truppen plündernd und mordend über die schutzlosen Dörfer hergefallen sind – bis es den Leuten zu viel geworden ist und sie zum Gegenschlag ausgeholt haben, in dem sie die betrunkenen

Soldaten im Schlaf überrascht, verprügelt, teilweise erschlagen oder fortgejagt haben. Die Rache folgte vier Jahre später, 1631 – also im Rothenburger Meistertrunk-Schicksalsjahr – da kamen die überlebenden Soldaten nämlich zurück und nahmen fürchterliche Rache. Als dann 1634 auch noch die Pest über sie hereingebrochen ist, da waren diese Dörfer anschließend nahezu menschenleer.

Was es in Großbärenweiler und Kleinbärenweiler besonderes gibt? Gute Frage… Aber allein die Ortsnamen als solche machen auf einen Besuch doch zumindest mal neugierig.

Aber jetzt kommt der 500 Einwohner Ort Gammesfeld. »Schotter wie Heu« – erinnern sie sich noch an diesen beeindruckenden Kinofilm über die letzte Ein-Mann-Bank Deutschlands? Fritz Vogt hat sie jahrzehntelang umsichtig geleitet und die »Kollegen« Bankmanager in ihren Wolkenkratzern dabei schon mal als die wahren Bankräuber bezeichnet. Die Raiffeisenbank in Gammesfeld ist auch unter seinem Nachfolger immer noch Deutschlands kleinste Bank mit den stabilsten Zinsen geblieben. Obwohl ihr keiner der sogenannten »Experten« auch nur den Hauch einer Zukunftschance gegeben hatte. Und nun? Gibt es sie immer noch – und zwar nach wie vor ganz ohne Staatsbeihilfen. Möge dieser letzten Kleinstbank Deutschlands ein langes Leben beschieden sein!

Immer einen Besuch wert ist natürlich das benachbarte Brettheim mit seiner beeindruckenden Erinnerungsstätte für die »Männer von Brettheim«, die hier in den letzten Kriegstagen des 2. Weltkriegs bestialisch umgebracht worden sind. Aber auch die Tatsache soll nicht unerwähnt bleiben, dass man sich in Brettheim voller Stolz an die uralte revolutionäre Vergangenheit zur Zeit der Bauernaufstände im 16. Jahrhundert zurück erinnert und das damalige Symbol für den Aufstand, einen geschnürten Bundschuh, nicht nur im Ortswappen führt, sondern mittlerweile auch einen Bundschuh-Wanderweg auf revolutionären Vergangenheitsspuren angelegt hat.

Den Wanderweg absolvieren wir ein anderes Mal. Denn der Roller wartet für die Fortsetzung der Tour – und dieser Weg ist noch ordentlich weit. Erst einmal geht es nun vorbei an Musdorf – jenem Ort, der für Hohenlohe die fünfte 5. Jahreszeit einläutet: immer dann, wenn die Muswiese beginnt, das traditionsreichste Volksfest im weitesten Umkreis.

Wieder mal geht's jetzt von der angeblichen Hohenloher »Ebene« ganz steil hinunter ins Gronachtal. Dort liegt (wahrhaftig »in einem kühlen Grunde«) die Gröninger Hammerschmiede – ein technisches Denkmal aus dem Jahr 1804, das in den vergangenen Jahren sorgfältig restauriert worden ist. Noch immer, beziehungsweise wieder, werden die Hämmer von der Wasserkraft des Flüsschens Gronach angetrieben, das sich tief in den Muschelkalk eingegraben hat. Richtig wildromantisch ist es hier. Eine ideale Wandergegend, sogar an heißen Sommertagen.

Aber wir wollen ja weiter, denn jetzt steht das einstige Residenzstädtchen Kirchberg an der Jagst auf unserer Besuchsliste. Natürlich das Schloss, in dem ein Zweig der Fürsten von Hohenlohe dementsprechend standesgemäß gehaust hat und das jetzt der Stiftung »Haus der Bauern« gehört, die flugs alle Adelsportraits abgehängt und das Bildnis eines revolutionären Bauern im Rittersaal platziert hat. Schon von weitem ist das Schloss ein herrlicher Anblick – und auch beim Näherkommen hält die Kulisse alles, was sie versprochen hat. Ein seltenes Erlebnis, denn wie oft schrumpft die angebliche »Sehenswürdigkeit« beim Näherkommen zur puren Enttäuschung. Nicht so Kirchberg. Lohnenswert ist neben der schönen Altstadt an sich auf alle Fälle noch ein Besuch im Sandelschen Museum. Hier sind Kuriositäten aus aller Herren Länder neben solchen aus Hohenlohe ausgestellt, besonders der »älteste Kirchberger«, bei dem es sich um ein immerhin 250.000 Jahre altes Waldnashorn handelt, dazu die älteste erhaltene Fahne eines deutschen Gesangvereins. Das Ganze wird komplettiert von einer interessanten Gemäldegalerie.

Ach ja – auch eine Reise wert ist auf alle Fälle der Büchermarkt, der jedes Jahr mittlerweile komplett die Altstadt ausfüllt und zu dem aus ganz Süddeutschland Interessenten und Verkäufer strömen. Falls es dieses Jahr nicht zu einem Besuch gereicht hat – der Buchmarkt findet auch im kommenden Jahr wieder statt: immer am 3. Samstag im Juni.

Erneut tauchen wir jetzt steil in das Tal hinunter – dieses Mal nach Liebesdorf ins Brettachtal – eine verzauberte Landschaft, zu der die hübsche kleine Siedlung genauso gut passt, wie es der Name Liebesdorf hat erhoffen lassen. Der Sommer eignet sich besonders gut zu einer Stippvisite hier, denn dann hat der Biergarten des Dorfgasthauses geöffnet. Und neben dran, in der ehemaligen Gipsmühle, werden Heilkräuterseminare angeboten.

Vom Tal wieder hinauf auf die Höhe: nach Ludwigsruhe oberhalb von Gerabronn. Die (bürgerliche) Familie bewirtschaftet dort seit einigen Jahren das einstmalige Gut samt dem barocken Jagd- und Lustschloss derer von Hohenlohe-Langenburg. Zunächst war da im Jahr 1588 ein immerhin 28 Hektar großer Jagdpark eingerichtet worden, bis 1736 der Graf Ludwig ein Sommerschlösschen für sich und seine Familie hat bauen lassen – deshalb auch der Name: Ludwigsruhe. Inzwischen wird auf 175 Hektar Saatgutvermehrung betrieben, dazu sind in dem bewundernswert sorgfältig wieder hergerichteten Schlösschen die Möglichkeiten für unvergessliche Familien- und Hochzeitsfeiern geschaffen worden. Man kann hier auch heiraten – denn in Ludwigsruhe befindet sich praktischerweise die offizielle Außenstelle des Standesamts Langenburg. Und alle Kuchen für die Feier werden grundsätzlich selber gebacken. Ehrensache!

Sozusagen gleich nebendran liegt Langenburg. Auf den großen Turm des »Mawell«, der mittlerweile eine eigene Landmarke für Hohenlohe geworden ist, gehen wir in einem extra Kapitel ein, das würde den Rahmen dieser Tour schlichtweg sprengen. Aber Langenburg hat ja noch viel mehr zu bieten: neben den »Wibele«, einem wunderbaren, süßen Kleingebäck, dem Schloss, dem Automuseum und dem »Lachenden Philosophen« (der in diesem Buch ebenfalls ein eigenes Kapitel bekommen hat) beispielsweise die Tatsache, dass man sich mit einigem Fug und Recht als eine der Keimzellen der »Grünen« betiteln lassen kann. Wie das? Ganz einfach: der ehemalige Außenminister Joschka Fischer ist hier aufgewachsen, sein Vater war in Langenburg Metzger und unten im Tal, in Bächlingen, da ist sein Kollege Rezzo Schlauch, der spätere Grünen-Fraktionsvorsitzende im Bundestag, groß geworden, einer von drei Söhnen des Schriftsteller- und Pfarrersehepaars Ingaruth und Rudolf Schlauch.

Weiter mit dem »Rauf und Runter« im Jagsttal – das ist ja schon irgendwie das Schöne an dieser kuriosen Hohenloher »Ebene«: Fluch der Freizeit-Radler, purstes Vergnügen für die Ausflügler mit einem Roller unter dem Hintern

Vorbei an der Jagsttalranch in Großforst: Lamas, Strauße, Angusrinder, wohin das Auge schweift – und im Hofladen sind deshalb natürlich Straußensteaks und Straußenwust im Angebot: zum Beispiel Lyoner vom Vogel Strauß. Nun denn …

An der Jagst entlang in Richtung Bächlingen: an einem besonders heißen Sommertag empfiehlt sich hier ein Bad in der Jagst – eines der (leider) letzten Flussbäder weit und breit. Sehenswert an Bächlingen ist natürlich auch die wunderschöne alte Holzbrücke, über die zum Glück nur noch Fahrräder und Fußgänger hinüber dürfen.

Überhaupt Bächlingen – zweimal im Jahr wird hier auf dem Bauernhof von Wilfried Bauer ein richtig schönes, ganz »normales« Fest gefeiert: an Pfingsten und am letzten Augustwochenende. Das ist eigentlich ein Geheimtipp den man besser gar nicht verraten sollte, aber, nun gut – halt bitte nicht weiter sagen … Wilfried Bauer hat nämlich die beste Wurst weit und breit – er ist ein mutiger Würzer und Mitglied bei »Slow Food«. Und seine Schweine schmecken schon deshalb so besonders, weil sie sich noch auf einer Weide tummeln dürfen – und nicht irgendwo in einen Stall gesperrt werden. Wie das Fest heißt? Hm … ehrlich gesagt, ich weiß es nicht. Falls es überhaupt einen Namen hat. Aber der wäre sowieso egal, denn Eingeweihte kennen das Fest auch so, und zwar unter der Bezeichnung »Muckenfescht« – wer einmal da war, weiß weshalb. Mucken hin oder her: die Grillwürste dort sind schlichtweg sensationell!! Sogar meine Frau, die erklärtermaßen eigentlich gar keine Grillwürste mag, beißt immer herzhaft hinein.

Höhepunkt des »Muckenfeschts« ist für viele Besucher die Schweinebesichtigung auf dem von einem alten Traktor gezogenen Anhänger: dummerweise sind die Schweine freilich nie zu sehen. Die verstecken sich lieber irgendwo im Schatten. Das ist grundsätzlich immer so – und das weiß der Fahrer auch immer schon vorher – aber wenn er das bereits beim Start sagen würde, dann wäre ja der ganze Reiz an der Sache verflogen, noch bevor er begonnen hätte.

Falls übrigens grade mal kein »Muckenfescht« sein sollte: dann ist auf alle Fälle die »Mosesmühle« in Bächlingen einen Besuch wert. Ein schöner Sonntagmittag auf der Wiese direkt an der Jagst, womöglich ein Jazzfrühschoppen, das sind herrliche Stunden, die man hier verbringen kann – genauso unvergesslich und zauberhaft, wie im August eine Open-Air-Kinonacht in der Mosesmühle. Unbeschwert, unkompliziert – einfach nur schön.

An der Mosesmühle in Bächlingen

Reicht es noch zur Weiterfahrt nach Oberregenbach? Das wir nämlich möglichst im Sonnenschein besuchen wollen – trotz des Ortsnamens. Wir haben Glück und fahren weiter über die Holzbrücke von Unterregenbach. Auch das ist einen Besuch wert, schon allein wegen der dortigen Krypta – im Jahr 980 soll hier eine Basilika errichtet worden sein – die fränkische Besiedlung des winzigen Ortes lässt sich sogar schon seit dem 8. Jahrhundert, also seit den Zeiten von Karl dem Großen, nachweisen.

Und noch weiter die Jagst hinunter: in den reizvollen Ort Buchenbach. An der dortigen Brücke empfängt uns ein aufschlussreiches, weil zweisprachiges Schild, auf dem klar geschrieben steht, wie die Jagst in Hohenlohe genannt wird, nämlich »Jogscht«. Denn das »a« wird in der hohenlohischen »Schprooch« wie ein gaanz langes »o« ausgesprochen. Gemütlich – und heimelig. Authentisch, wie sie das auf Neudeutsch nennen.

Auch in Mäusdorf (natürlich wieder auf der Höhe) ist allein schon das Ortsschild einen Besuch wert, denn es bittet die Autofahrer ganz besonders nett um Rücksichtnahme auf die Mäusdorfer Kinder: »Achtung: spielende Mäuse«…

Und jetzt zum guten Schluss noch zu einem kurzen Abstecher nach Mäusberg. Wo Mäusberg liegt? Auf jeden Fall nicht, wie der Name vermuten lässt, oberhalb von Mäusdorf. Obwohl… na ja, erst einmal geht's den Berg kräftig runter, um dann gleich auf der anderen Seite den Buckel wieder ziemlich steil hinauf zu führen, das typische Hohenloher »Auf« und »Ab« halt – rein landschaftlich gesprochen, versteht sich … Also: Mäusdorf liegt über dem Kochertal, während Mäusberg, das jetzige Ziel unserer Fahrt, über der Jagst zu finden ist. Mag sogar sein, dass Mäusberg ein kleines bissle höher liegt, als Mäusdorf, womöglich deshalb also der Name? Darüber ließe sich trefflich philosophieren. Wie dem auch sei: Jedenfalls lohnt es sich in Mäusberg immer, einen Blick in die Schnapsbrennerei von Wolfgang Klein zu werfen, um zu erkunden, welche Maische sich heute wohl in der Brennblase befindet. Mit Überraschungen muss man beim Wolfgang nämlich immer rechnen: mal ist es ein selbst komponierter Gin à la Mäusberg, dann wieder ein Whiskey, der es bei einem Wettbewerb locker mit jedem schottischen Edelerzeugnis aufnehmen könnte (und der sich als absolutes Premiumprodukt übrigens auch in der eleganten Turmbar des »Mawell« in Langenburg des freudigen Zuspruchs der zahlreichen Gäste dort erfreut). Ganz und gar nicht zu verachten ist auch der Zwetschgenschnaps, wobei sich natürlich auch der klassische Obstler aus Mäusberg in Sachen Qualität absolut nicht zu verstecken braucht. Aber jetzt – und das ist (zumindest für mich) – die Krönung: ein Quittenbrand der Extraklasse. So! Und genau damit kommt nun das Problem: denn die Destillate schmecken alle so gut, dass die Weiterfahrt extrem gefährdet wäre, wenn … – also deswegen: nichts wie schnellstens zurück auf den Roller und ab nach Hause!

Eigentlich hätten jetzt ja noch die »tausend« hohenlohischen Michelbachs auf dem Plan gestanden: am Wald, an der Bilz, an der Heide, an der Lücke, bis hin zum Michelbächle – aber das wird für dieses Mal dann doch zu viel. Und morgen ist ja auch noch ein Tag. Hoffentlich ein genauso schöner, wie heute …

Lina und Gottlieb Daimler

Ein Hauch von Auto-Weltgeschichte

Lina Daimler aus Schwäbisch Hall

Zur Feier des Tages wurde Krebssuppe kredenzt, dann Rheinsalm mit holländischer Tunke, anschließend ein mit Gemüse umlegter Lendenbraten samt verschiedenen Beilagen. Diesem Gang folgte ein Rehfilet in Madeira-Tunke, danach ein gebratener Hahn mit Salaten. Zum Abschluss gab es Kompott, eine Haselnuss-Eisbombe und natürlich verschiedene schöne Torten. Zum Trinken Haller Bier, Wasser, Silvaner und Trollinger. Selbst die altehrwürdige Haller »Lamm-Post«, das erste Haus am Platze (an dessen Stelle jetzt übrigens die Stadtbibliothek steht), hatte selten zuvor eine dermaßen üppige Speisenfolge erlebt. Aber an diesem 8. Juli 1893 wurde gegessen und getrunken, was in die hungrigen Mägen und durstigen Kehlen nur so hinein passte.

Kein Wunder, der Anlass war ja schließlich auch kein x-beliebiger. Es handelte sich vielmehr um die Hochzeit des bereits zu seinen Lebzeiten zur Legende gewordenen Automobilerfinders Gottlieb Daimler mit Lina Hartmann, geborene Schwend, der Tochter des Haller Schreinermeisters Christoph Schwend aus der Gelbinger Gasse 38.

Für die beiden frischvermählten, überglücklichen Eheleute war es die jeweils zweite Ehe, nachdem sie ihre ersten Ehegatten durch Tod verloren hatten. Emma Daimler, die Frau des berühmten Konstrukteurs und Mutter seiner fünf Kinder, war im Juli 1889 verstorben. Dieser Verlust hatte Daimler in eine tiefe Depression gestürzt. Nur vier Jahre zuvor, am 10. November 1885, war der vom 16-jährigen Daimlersohn Paul gesteuerte, benzinbetriebene zweirädrige »Reitwagen«, den er zusammen mit seinem jahrzehntelangen Weggefährten Wilhelm Maybach entwickelt hatte, erstmals erfolgreich auf der Strecke von Cannstatt nach Untertürkheim unterwegs gewesen und hatte damit die Geburtsstunde des Automobils markiert! Knapp ein Jahr später war es Daimler und Maybach dann sogar gelungen, die erste vierrädrige Benzinkutsche der Welt zu konstruieren und vor allem: fahren zu lassen. Sein Traum vom individuellen Fahren war damit Wirklichkeit geworden und der Platz des Schorndorfer Bäckerbuben Gottlieb Daimler in der Weltgeschichte für immer gesichert.

Was aber nützten all diese Triumphe, wenn das persönliche Glück dabei auf der Strecke blieb? Erst der Tod seiner geliebten Ehefrau Emma, dazu heftige Streitigkeiten im Vorstand der »Daimler Motoren Gesellschaft« in Cannstatt. Vor allem mit dem Großinvestor, dem Rottweiler »Pulverkönig« Max Duttenhofer kam es zu immer harscheren Wortwechseln, nachdem Duttenhofer von dem sich standhaft weigernden Daimler eine mindere Qualität seiner Produkte zu einem höheren Preis für die Kunden verlangte – und sich am Ende damit im Vorstand auch noch durchsetzen konnte. Für den zeitlebens strikt auf Qualität bedachten Gottlieb Daimler mit seinem festen Wahlspruch »Das Beste oder nichts!« war das eine Katastrophe. Kein Wunder, dass sich die Herzschwäche des mittlerweile 59-jährigen Witwers rapide verschlimmerte, so dass ihm sein Arzt schließlich dringend zu einer Auszeit riet. Bei einem längeren Kuraufenthalt in Italien sollte er sich im Frühjahr 1893 von seinen seelischen und körperlichen Leiden erholen. Doch nichts schien zu helfen … bis Daimler nach Florenz gelangte und dort im Hotel einer faszinierenden Frau begegnete, in die er sich im selben Augenblick Hals über Kopf verliebte. Es handelte sich um die 38-jährige Lina Hartmann, die Witwe des Hotelbesitzers und Mutter einer 14 Jahre alten Tochter mit Namen Gretel. Da sie ursprünglich aus Deutschland stammte und – wie an ihrer Aussprache unschwer heraus zu hören war – sogar aus dem Königreich Württemberg, aus Schwäbisch Hall, kam man rasch ins Gespräch. Und siehe da: auch die in Florenz zusehends vereinsamte Lina Hartmann fand sich zu dem unglücklichen Konstrukteur hingezogen, so dass sich die beiden schon nach einer Woche das Eheversprechen gaben.

Von einem Tag auf den anderen war das Leben wieder schön geworden!

Die zahlreichen, beinahe schon euphorischen (im Daimler Konzern Archiv in Untertürkheim aufbewahrten) Briefe und Tagebuchnotizen der beiden Verlobten belegen diesen Umstand auf eine geradezu rührende Art und Weise.

Gottlieb Daimler konnte es kaum noch erwarten, »seine« Lina endlich heiraten zu können. Doch nicht nur bürokratische Hürden mussten dafür überwunden werden: bei den Kindern auf beiden Seiten stieß das Vorhaben nämlich auf barsche Ablehnung. Linas Tochter Gretel beispielsweise weigerte sich standhaft, nach Deutschland umzuziehen. Sie wollte lieber bei den Großeltern in Florenz bleiben – und auch die fünf Kinder von Daimler, allen voran die beiden erwachsenen Söhne Paul und Adolf machten lange Zeit Schwierigkeiten. Doch der Entschluss ihres Vaters stand unverrückbar fest und so wurde den Besuchern des Gottesdienstes in Schwäbisch Hall am 2. Juli 1893 bekannt gegeben, dass der in Cannstatt wohnhafte Konstrukteur Gottlieb Daimler am kommenden Samstag, dem 8. Juli, Lina Hartmann, geborene Schwend heiraten werde. Die Schwends waren in der Stadt alles andere als unbekannt. Linas Vater Christoph hatte im Jahr 1867 die Spitalsägemühle gekauft, war ein erfolgreicher Unternehmer und jahrelanger Gemeinderat gewesen. Aber nicht nur das: Christoph Schwend war einer der Begründer der Haller SPD, ein enger Weggefährte von August Bebel.

Gleich nach der opulenten Feier in der »Lamm-Post«, bei der sich auch Daimlers beste Freunde aus Frankreich, das Ehepaar Panhard-Levassor (die Begründer der französischen Autoindustrie) eingefunden hatten, ging es für die frisch Vermählten auf große Hochzeitsreise in die USA. Im Spätsommer 1893 besuchten sie die Weltausstellung in Chicago, wo der (von Maybach konstruierte) Daimlersche Stahlradwagen die absolute Sensation war und die Besucher in Scharen herbeilockte.

Knapp sechs Jahre des gemeinsamen Glücks und zwei Kinder, Emilie und Gottlieb, waren den beiden noch vergönnt, bevor Gottlieb Daimler im Sommer 1899 einen Herzinfarkt erlitten hat und von nun an monatelang bettlägerig war. In seinen letzten Lebenswochen wurde der große Konstrukteur von seiner Lina bis an den Rand der völligen Erschöpfung gepflegt (das im Daimler-Archiv aufbewahrte Tagebuch der Lina Daimler ist ein erschütterndes Dokument für diese Zeit zwischen Hoffen und Bangen), bis er am 6.März 1900 in Cannstatt gestorben ist.

Lina Daimler haben die Unternehmensbosse dann zwei Jahre nach dem Tod ihres Mannes aus der Firma gedrängt. Die liebevolle Erinnerung an den Erfinder des Automobils hat sie sorgfältig bewahrt. Am 14. Juni 1932 ist die Frau gestorben, der Schwäbisch Hall immerhin ein kleines bisschen Teilhabe an der automobilen Weltgeschichte verdankt.

Von Hengstfeld nach Berlin

Adolf Jandorf und sein »KaDeWe«

Das KaDeWe: Ein Name wie Donnerhall. »KaDeWe«. Sechs Buchstaben genügen, um einem ehrfürchtige Schauder über den Rücken zu jagen. Denn das seit mehr als 100 Jahren bestehende »Kaufhaus des Westens« in Berlin gilt als eines der bekanntesten Kaufhäuser der Welt.

Was das in einem Buch über Hohenlohe suchen hat? Also ziemlich viele hundert Kilometer vom preußischen Berlin entfernt…

Diese berechtigte Frage lässt sich ganz einfach beantworten. Denn der Mann, der einst das »KaDeWe« gegründet hat, war ein Hohenloher. Adolf Jandorf hieß er. Nur einen Steinwurf weit von der ehemaligen Rothenburger Landhege entfernt, ist er im Jahr 1870 in Hengstfeld (das heute zur Gemeinde Wallhausen gehört) geboren worden. Er war das zweite von sieben Kindern des jüdischen Bauern, Metzgers und Viehhändlers Josef Bernhard Jandorf und dessen Frau Ricka, einer geborenen Ansbacher aus Schopfloch. Sein jüdischer Geburtsname war eigentlich zunächst Abraham, erst einige Jahre später wurde der Vorname in Adolf umgewandelt.

Zu jener Zeit gab es sowohl in Hengstfeld, als auch im benachbarten Michelbach an der Lücke eine jüdische Gemeinde. Noch heute kann man ja in Michelbach die wunderschön wieder hergerichtete

Synagoge bewundern, die übrigens einen Besuch auf jeden Fall lohnt.

Nach dem Besuch der Volksschule und seiner Bar Mitzwa (der Feier der Religionsmündigkeit im Alter von 13 Jahren) hat Adolf Jandorf in Mergentheim eine Kaufmannslehre absolviert.

Danach begann das große Abenteuer. Denn gleich nach dem Abschluss seiner Lehrzeit hat der junge Adolf sein Bündel geschnürt und ist in die USA aufgebrochen, um seinen dort verschollenen ältesten Bruder Louis zu finden. Ohne die englische Sprache zu beherrschen und völlig ohne Ortskenntnis: nur ausgestattet mit dem festen Willen, den Bruder unbedingt aufspüren zu wollen und im Interesse der Familie auch finden zu müssen. Und das Wunder hat sich tatsächlich ereignet: nur eine Woche später war der Louis bereits gefunden. Sein Bruder hatte in New York einen Job als Straßenbahnschaffner angenommen – war aber trotz aller Bemühungen nicht zu bewegen, wieder zurück nach Deutschland zu gehen. Doch immerhin konnte Adolf der Familie nun die beruhigende Mitteilung machen, dass ihr Ältester am Leben war und dass es ihm in Amerika soweit auch gut ginge. Das Wagnis New York war bewältigt – und erwies sich für Adolf Jandorf noch in einer ganz anderen Hinsicht als nützlich, denn hier bestaunte er zum ersten mal diese riesigen Kaufhäuser, die bei weitem alles in den Schatten stellten, was er bisher kannte.

Diese Erfahrung sollte prägend für sein weiteres Leben werden. Zurück in Deutschland bekam er eine Anstellung bei der Bremerhavener Filiale des Hamburger Handelsunternehmens M. J. Emden und erwies sich dabei so geschickt und von dermaßen rascher Auffassungsgabe, dass ihn der Firmeninhaber schon zwei Jahre später mit der ehrenvollen Aufgabe betraute, in Berlin eine neue Niederlassung der Firma zu gründen. Und das im Alter von 22 Jahren!

Ausgestattet mit einem Kapital von 500 Reichsmark. Schon wenige Wochen später eröffnete er ein Geschäft, in dem vor allem Kurzwaren, Wolle und Posamente verkauft wurden. Sicherlich wäre es eines von vielen geblieben, nichts Besonderes, hätte Adolf Jandorf nicht eines Tages eine glänzende Idee gehabt: er ließ ein Kissen mit dem legendär gewordenen Spruch »Nur ein Viertelstündchen« besticken – und von da an lief es wie geschmiert. Rund eine Million von diesen Ruhekissen konnten verkauft werden.

Aber Adolf Jandorf war nicht der Mann, dem ein solcher Erfolg für den Rest seines Lebens genügt hätte. Und da er von seinem Auftraggeber Jakob Emden inzwischen an der Firma beteiligt worden war, arbeitete er Tag und Nacht an einer weiteren Expansion. Ein

Adolf Jandorf, der Gründer des KaDeWe

»Volkswarenhaus« schien ihm die richtige Geschäftsstrategie zu sein, ein Kaufhaus, in dem es gute und günstige Waren für breite Bevölkerungsschichten zu kaufen gab. Wieder einmal hatte er richtig kombiniert, denn vielen Berlinern ging es in diesen Jahren wirtschaftlich nicht gerade glänzend und so war das Volkswarenhaus für sie eine ideale Einkaufsstätte. Sozusagen ein früher Vorläufer der heutigen Supermärkte. Der Erfolg war so durchschlagend, dass rasch ein Erweiterungsbau errichtet werden musste, dem eine Neueröffnung auf die andere folgte. Filiale auf Filiale …

Und dann plötzlich die überraschende Kehrtwende. Eine Kurskorrektur um 180 Grad! Adolf Jandorf hatte nämlich beschlossen, nun das genaue Gegenteil von dem zu machen, womit er bisher so überaus erfolgreich gewesen war. Im Jahr 1905 gründete er eine Gesellschaft mit dem Ziel, ein Kaufhaus zu bauen, das jede bisher gekannte Dimension sprengen sollte. Einen riesigen Konsumtempel – einzig und allein für die begüterte Oberschicht. Ein Mega-Kaufhaus mit einer Verkaufsfläche von kaum fassbaren 24.000 Quadratmetern!

Aber wo konnte ein solches Luxusding idealerweise gebaut werden? Wo gab es einerseits den entsprechenden Bauplatz, andererseits die kaufkräftige Kundschaft und gleichzeitig die problemlose Verkehrsanbindung? Adolf Jandorf entschied sich für eine verkaufsstrategisch ausgezeichnete Lage am Ende der Berliner Tauentzienstraße, gleich beim U-Bahnhof Wittenbergplatz – im Westen der Stadt. Damit stand auch gleich der Name des Kaufhauses fest: »Kaufhaus des Westens«, das die sprichwörtliche Berliner Schnauze rasch in »KaDeWe« umgeschnoddert hat.

Ist es Zufall oder Fügung, dass hier die Ansbacher Straße angrenzt? Jedenfalls ist es zunächst einmal Tatsache. Es mag vielleicht auch nur ein Zufall sein. Vielleicht aber auch nicht … Denn »Ansbacher«, so lautete ja auch der Mädchenname seiner Mutter. Vielleicht hat dieser Straßenname den Adolf Jandorf beim Blick auf den Stadtplan überhaupt erst auf diesen Standort gebracht. Es könnte durchaus so gewesen sein, denn Zeit seines Lebens hat Jandorf die Verbindungen in seine alte Heimat niemals abreißen lassen. Was zusätzlich auch durch die Tatsache bewiesen wird, dass die Fassade seines Mega-Kaufhauses mit fränkischem Muschelkalk verkleidet worden ist.

Ende März 1907 wurde die Eröffnung gefeiert. Eine Riesenenttäuschung für Jandorf, denn niemand aus den Kreisen der zahlreich von ihm eingeladenen Prominenz war erschienen. Die Berliner High Society zeigte dem »KaDeWe« die kalte Schulter! Offenbar wollte man sich nicht im Dunstkreis eines Mannes sehen lassen, der bis dahin nur Billigkaufhäuser betrieben hatte. Das wäre ja noch schöner ... Luxus hin oder her, der in diesem »Kaufhaus der unbegrenzten Möglichkeiten« anscheinend an der Tagesordnung war: 24 Aufzüge brachten die Kunden zu sage und schreibe 120 verschiedenen Abteilungen. Bis hin zu einem Reisebüro, vornehmen Erfrischungs- und Teesalons, Photostudios, Frisiersalons für Damen und Herren etc. – und das alles in einem einzigen Kaufhaus!

Dennoch dauerte die Durststrecke fast ein halbes Jahr. Erst im August kam der Durchbruch – und zwar in Gestalt des Königs Rama von Siam (dem heutigen Thailand), der sich zwei Tage lang mit wachsender Begeisterung im »KaDeWe« aufhielt, dort luxuriös tafelte und am Ende seines Besuchs die stattliche Summe von 250.000 Reichsmark auf den Kassentisch legte. Weil es dem König so ausnehmend gut gefallen hatte und ihn das Geld offenbar keinen Pfennig reute, verlieh er Adolf Jandorf sogar gleich noch einen Orden, den sogenannten »Weißen Elefantenorden«.

Seit diesem Zeitpunkt gab es kein Halten mehr: praktisch über Nacht wurde die Tauentzienstraße zum vornehmsten und beliebtesten Boulevard der Berliner Schickimickigesellschaft. Wer etwas auf sich hielt und das dafür notwendige Kleingeld besaß, kaufte sein Luxusschnäppchen von nun an im »KaDeWe«. Ehrensache. Wo denn sonst?

Ein Mega-Erfolg für das Mega-Kaufhaus des Mannes aus Hohenlohe. Doch Adolf Jandorf war kein langes Leben beschieden: er starb am 12. Januar 1932 im Alter von knapp 62 Jahren an den Folgen einer Blinddarmentzündung. Schon im Jahr 1927 hatte er das »KaDeWe« an die Hertie-Gruppe verkauft. Sein von ihm am Wannsee erbautes Sommerhaus hat nach Jandorfs Tod übrigens der Schauspieler Heinz Rühmann erworben.

Auch nach dem Tod seines Gründers ging die Erfolgsgeschichte des Superkaufhauses munter weiter – noch nicht einmal die gravierenden Zerstörungen durch einen Flugzeugabsturz im Zweiten Weltkrieg und die problematische Insellage in der mittlerweile geteilten Stadt konnten ihm etwas anhaben: am Tag der Wiedereröffnung im Jahr 1950 drängelten sich 180.000 Menschen in langen Schlangen vor den Portalen. Das »KaDeWe« war endgültig zum Symbol geworden: Ein Fels in der Brandung – mochte kommen, was da wollte. Allein der Name galt ja inzwischen als Programm. Das »Kaufhaus des Westens«: ein Leuchtturm des Kapitalismus – umzingelt von der vorgeblich kommunistischen DDR.

Wie viel Anteil das »KaDeWe« wohl am Zusammenbruch der DDR gehabt hat, das lässt sich nur schwer abschätzen. Aber sicherlich mehr, als oft vermutet wird. Wer noch zu Zeiten der DDR in der gigantischen Feinkostabteilung des »KaDeWe« in der sechsten Etage die staunenden Rentner aus dem Ostteil von Berlin erlebt hat, die oft meinten, ihren Augen nicht trauen zu dürfen, weiß, wovon die Rede ist. Dazu ihre fassungslosen Kommentare: »Det hälste ja im Kopf nicht aus!«

Wieder zurück, zuhause in der Mangelwirtschaft, haben sie von ihren Erlebnissen berichtet, ebenso von all den ostdeutschen Funktionären und Prominenten, die sie beim Einkaufen von Luxuswaren beobachtet hatten. So wurde das »KaDeWe« in dieser Zeit auch zum Symbol für westlichen Luxus und Überfluss – im krassen Gegensatz zum kargen Osten. Bis heute ist das »KaDeWe« eines der bekanntesten und am häufigsten besuchten Berliner Wahrzeichen überhaupt. Gegründet von einem Hohenloher.

In seinem Heimatort Hengstfeld erinnert neben dem immer noch existierenden Elternhaus eine Tafel am ehemaligen Rathaus an den bekanntesten Sohn und Ehrenbürger des kleinen Dorfes. Schon 1908 (also bereits mit 38 Jahren) war Adolf Jandorf aufgrund von zahlreichen großzügigen Geldspenden an seine Geburtsgemeinde zum Ehrenbürger ernannt worden. Wie sehr hier sein Andenken über all die Jahre in hohen Ehren gehalten worden ist, veranschaulicht die Tatsache, dass an seiner Ehrenbürgerschaft noch nicht einmal während der Zeit des Nationalsozialismus gerüttelt worden ist. Man hatte den Nazis Jandorfs jüdische Herkunft schlichtweg verschwiegen.

Grabmal des Götz von Berlichingen im Kloster Schöntal

»Er aber kann mich hindten lecken!«

Das Land des Götz von Berlichingen

»Sag deinem Hauptmann: Vor ihro Kaiserliche Majestät hab' ich, wie immer, schuldigen Respekt. Er aber, sag's ihm, er kann mich im Arsche lecken!« Bei diesem Zitat handelt es sich um die wohl bekannteste Verwünschung der Weltgeschichte. Ausgestoßen im Jahr 1516 in Krautheim an der Jagst in höchster Wut durch einen echten Haudegen von altem Schrot und Korn, dem legendären Ritter mit der eisernen Hand, Götz von Berlichingen.

Spätestens seit Goethe sein (nicht ganz authentisches) Schauspiel über das Leben dieses letzten deutschen Raubritters geschrieben hat, samt jenem weltberühmt gewordenen Satz also, ist der Götz unsterblich geworden. Ausgerechnet wegen so einer Schimpfkanonade! Mit Fug und Recht darf man ihn deshalb als den weltweit berühmtesten Hohenloher bezeichnen – als ein letztes echtes Markenzeichen für das deutsche Mittelalter, das ja eigentlich im 16. Jahrhundert, zu den Lebzeiten des Götz, schon sein Ende gefunden hatte. Wobei noch hinzuzufügen wäre, dass es sich dabei (erstens) um einen seinerzeit in Hohenlohe gerne gebrauchten Spruch handelt und dass (zweitens) eine dermaßen derbe Ausdrucksweise in den damaligen Zeiten überhaupt nichts Besonderes gewesen ist, sondern beinahe schon zum guten Ton gehört hat. Denken wir nur an all die deftigen Aussprüche, die vom Reformator Martin Luther überliefert sind, und die uns manchmal ebenfalls – weil alles andere als druckreif – sogar noch im frühen

21. Jahrhundert die Schamesröte ins Gesicht treiben. Eine kleine Kostprobe gefällig? Bitte schön, aber halt bloß zur Lektüre für ältere Jahrgänge: »Nur aus einem glücklichen Arsch kommt ein fröhlicher Furz«. Diese und noch viele weitere (deutlich heftigere) Deftigkeiten hat der fromme Kirchenmann mit entsprechender Lautstärke in die Welt hinaus geschleudert. So gesehen war der wütende Ausspruch: »Er kann mich im Arsche lecken« damals wie gesagt eigentlich nichts anderes, als häufig verwendete Hohenloher Alltagssprache. Ein Satz, der in seiner Zeit ganz und gar nicht dermaßen außergewöhnlich daher gekommen ist, wie es der Dramatiker Goethe dann drei Jahrhunderte später in einer völlig anderen Epoche so gewaltig aufgebauscht hat.

Auch das eigentliche Original-Zitat hat der Dichterfürst im Übrigen leicht verfälscht. Denn ursprünglich hat es wohl geheißen: »Er kann mich hindten lecken!«. Johann Wolfgang von Goethe hat das dann halt etwas griffiger formuliert und schwupps … war der Götz dank seines gar nicht ganz authentischen Ausspruchs weltberühmt geworden. Umso erstaunlicher, dass heutzutage trotz seines Weltruhms beinahe vergessen ist, wo dieses Unikum nicht nur gelebt, sondern auch seine immer noch zahlreich erhaltenen Spuren hinterlassen hat.

Im Schrozberger Schloss beispielsweise: Dort hat er als junger Edelmann das Fechten gelernt. Oder natürlich in Krautheim an der Jagst: noch heute können wir in Krautheim die wuchtige Burgmauer mit ihren 17 Metern Höhe und über zweieinhalb Metern Stärke bestaunen, zu der Götz im Jahr 1516 seinen anrüchigen Gruß hinauf geschmettert hat. Es galt dem mainzischen Amtmann Stumpf, mit dem er eine Fehde ausgefochten hat. An der Stelle, an der Götz von Berlichingen damals gestanden haben soll, findet sich heute sogar ein Denkmal für diesen mutmaßlich berühmtesten

Fluch der Weltgeschichte. Es ist ganz leicht zu finden: an der Straße stadtauswärts von Krautheim in Richtung Dörzbach.

Bereits zu seinen Lebzeiten war der Raubritter aus dem Hohenlohischen ein Begriff. Bemerkenswert am Götz von Berlichingen war für die Menschen um 1500 dabei jedoch nicht sein berühmt gewordenes Zitat. Es war vielmehr sein höchst dramatisch verlaufenes, turbulentes Leben, das diesen schwäbisch-fränkischen Ritter in ganz Deutschland bekannt gemacht hat. Das stetige Auf und Ab seiner Existenz, das war genau der Stoff, aus dem die Dramen der (Welt)Literatur gewoben werden.

Geboren wurde der Götz um das Jahr 1480 in der Nähe von Jagsthausen als zehntes Kind einer niederadeligen Familie. Wie gesagt: seine Wiege stand nicht in Jagsthausen, sondern vielmehr in einer herrschaftlichen Mühle einige Kilometer Jagstaufwärts, im Ort Berlichingen. Das passt den Betreibern der alljährlichen Götzfestspiele im Schloss von Jagsthausen natürlich ganz und gar nicht in die Legende, doch es ist halt so. Egal, was man im Festspielort an Argumenten auch immer wieder heran führt: das Örtchen Berlichingen war der Geburtsort des gleichnamigen Gottfried »Götz« von Berlichingen.

Immerhin hat Jagsthausen dafür die Ehre, im Schlossmuseum die (wie man sagt) originale eiserne Hand des Götz ausstellen zu können, samt seiner nicht minder originalen Rüstung.

Alles in allem wäre diesem Götz nun ein mehr oder minder ereignisloses Leben beschieden gewesen, wenn er nicht so ein ganz eigener Charakter gewesen wäre, der es sich und seinen Mitmenschen alles andere als einfach gemacht hat. Schon in jungen Jahren hat der Götz das Kriegs«handwerk« erlernt. Er wollte unbedingt Ritter werden, ein richtiger, echter Haudegen. Das stand für ihn bereits von Kindesbeinen an unumstößlich fest. Dumm nur, dass er für eine Ritterkarriere einige Jahrzehnte zu spät auf die Welt gekommen ist. Denn als der Götz geboren wurde, da war das Mittelalter ja wie gesagt bereits so gut wie zu Ende gegangen. Spätestens mit dem Tod des sogenannten »letzten Ritters«, des Kaisers Maximilian im Jahr 1519, war diese Epoche ein für allemal zu Grabe getragen worden. Die Freien Reichsstädte wie Rothenburg ob der Tauber, Schwäbisch Hall, die Deutschordensresidenz Mergentheim und die erstarkten Kurfürsten saßen nun an den Hebeln der Macht, sodass für die kleinen Ritter wie den Berlichinger nur noch die Krümel vom Tisch der Mächtigen übrig blieben. Doch der Götz wollte das weder wahrhaben noch akzeptieren und so stürzte er sich voller Begeisterung mitten hinein in seinen Traum vom heldenhaften Ritterleben. Mit allen dementsprechenden Konsequenzen.

In seinen von ihm selbst diktierten Lebenserinnerungen, der sogenannten Rossacher-Handschrift (die im Original in der württembergischen Landesbibliothek in Stuttgart aufbewahrt wird), beschreibt der Götz, wie er im Alter von 24 Jahren als Landsknecht in einem Scharmützel vor Landshut durch eine Kanonenkugel die rechte Hand verloren hat und welche unvorstellbaren Qualen ihm diese Verstümmelung bereitet hat. Mehr als ein halbes Jahr lag er auf Leben und Tod darnieder. Und als er schließlich mit dem Leben davongekommen war, da fehlte ihm ja fatalerweise eben diese rechte Hand, die er als Ritter doch so dringend für seine Zweikämpfe gebraucht hätte. Als Krüppel jedoch wollte er nicht enden und so hat er bei einem geschickten Handwerker eine eiserne Ersatz-Hand in Auftrag gegeben. Was in jener durch kriegerische Auseinandersetzungen geprägten Zeit übrigens nichts Einmaliges war: solche Ersatzgliedmaßen sind seinerzeit massenhaft hergestellt worden. Dennoch ist er genau deshalb in die Geschichte eingegangen, denn die Arbeit war so perfekt, dass sich Götz von Berlichingen auch weiterhin in die Lage versetzt sah, dank seiner eisernen Hand ein Schwert zu umfassen und damit sogar Kämpfe ausfechten zu können. Genau das ist der Stoff, aus dem Legenden gewoben werden, erst recht, wenn man so rauflustig daher kommt, wie der berühmt-berüchtigte von Berlichingen.

Über Jahrzehnte hinweg war der Götz in Fehden verstrickt, hat sich als Soldat in die Dienste anderer Herren begeben oder eben mal rasch einen gut bestückten Handelszug überfallen. Das hat er natürlich nicht aus Jux und Tollerei gemacht, sondern um – im wahrsten Sinn des Wortes – seinen Lebensunterhalt zu bestreiten, denn ganz so üppig finanziell auf Rosen gebettet war er von Hause aus bekanntlich nicht. Mehrfach ist Götz von Berlichingen durch diese Überfälle in Reichsacht gefallen, obwohl er meinte, sich auf das althergebrachte Fehderecht eines Ritters berufen zu können. Doch dieses alte Recht war im Jahr 1495 auf dem Reichstag vom Worms von König Maximilian (dem späteren Kaiser) endgültig abgeschafft worden. Eine Katastrophe für niederadelige Edelleute vom Schlage des Götz, denen damit ab sofort eine wichtige Existenzgrundlage abhanden gekommen war.

Was also blieb zu tun? Sich halt am besten immer dorthin orientieren, wo Geld und Beute winkten. So hat er sich im Krieg des Herzogs Ulrich von Württemberg gegen den Schwäbischen Bund auf die Seite des vermeintlich Stärkeren, also des Herzogs Ulrich, geschlagen und hat mit diesem eine gewaltige Niederlage eingefahren. Der Herzog wurde aus seinem Land vertrieben, während Götz bei der Belagerung der Stadt Möckmühl verwundet und gefangen genommen worden ist. In der Freien Reichsstadt Heilbronn hat man ihn deswegen für drei Jahre unter Arrest gestellt. Die ersten Wochen verbrachte er im heute noch vorhandenen Bollwerksturm (also nicht im sogenannten Götzenturm, der in Heilbronn irrtümlicherweise beharrlich als sein Gefängnis bezeichnet wird) und danach in einem Gasthaus.

Kaum war er wieder in Freiheit, da brach im Jahr 1524 der Bauernkrieg aus – und wiederum hat ihn sein Kalkül auf die falsche Seite (nämlich die der Bauern) geführt. Auch wenn er später behauptete, sie hätten ihn dazu gezwungen: nach den ersten Erfolgen der Bauern hatte er in Wahrheit als klassischer Wendehals bei diesen seine Chance auf gewinnbringende Raubzüge gewittert. Nach der Niederlage der Bauernheere ist er verhaftet und vor Gericht gestellt worden. Nur der Tatsache seiner edlen Geburt verdankte er dabei sein Leben, währenddessen hunderte von Bauern mit entsetzlichen Methoden zu Tode gequält wurden.

Götz von Berlichingen wurde damals bei Blaufelden gefangen genommen und musste nach Verbüßung einer mehrmonatigen Haft sogenannte Urfehde schwören, der Gewalt also ein für allemal entsagen, außerdem hatte er die Bedingung zu akzeptieren, seinen aktuellen Wohnsitz, Burg Hornberg im Neckartal, zeitlebens nicht mehr zu verlassen. Was ihn dennoch nicht daran gehindert hat, weiterhin heftige Streitereien auszufechten: jetzt eben auf dem Rechtsweg. Zum Beispiel seinen jahrzehntelangen Streit vor dem Reichskammergericht mit der Stadt Mosbach über die Nutzungsrechte an einem Wald. Am Ende hat er sogar Recht bekommen – auch wenn ihm das nicht mehr viel genützt hat, denn das Gericht hat erst lange nach dem Tod des Götz von Berlichingen ein Urteil zu seinen Gunsten gesprochen.

Am 23. Juli 1562 ist er im Alter von 82 Jahren gestorben. Für diese Zeiten war das ein immens hohes Lebensalter. Es hat ihm die Gelegenheit verschafft, in seinen Lebenserinnerungen (der oben erwähnten Rossacher-Handschrift) einem Schreiber seine Taten in einem wesentlich milderen Licht zu diktieren, als es wohl der

Wahrheit entspricht. Er war höchst erfolgreich damit: denn auf diese Schrift ist dann irgendwann einmal Johann Wolfgang von Goethe gestoßen (man könnte auch sagen: hereingefallen) und hat den Götz von Berlichingen mit seinem gleichnamigen Drama nicht unsterblich, sondern gleichzeitig auch zum berühmtesten Hohenloher weltweit gemacht.

Im Kreuzgang des altehrwürdigen Klosters Schöntal an der Jagst ist der Götz begraben worden. Dort kann man sein Grab noch heute sehen, wo er, wie die Inschrift auf seinem Grabstein berichtet, einer »fröhlichen Auferstehung« entgegen schlummert.

Lohnenswert ist ebenfalls ein Besuch auf Burg Hornberg hoch über dem Neckartal bei Neckarzimmern (am westlichen Rand von Hohenlohe gelegen), wo Götz ja die meiste Zeit seines Lebens verbracht hat. Sie liegt sozusagen als Krönung an der Spitze von steilsten Weinbergen und bietet einen grandiosen Blick über das Land am Neckar – direkt an der Grenze zwischen Odenwald, Unterland und Hohenlohe. Und noch ein Tipp: die schönste Ansicht der Burg offenbart sich bei Haßmersheim, wo bis vor wenigen Jahren noch eine Fähre über den Neckar getuckert ist, die inzwischen leider dem Rotstift zum Opfer gefallen ist.

Hohenlohe, das Land des Götz von Berlichingen. Ein respektables Stück turbulenter Raubrittergeschichte, samt einer ordentlichen Portion Literaturgeschichte obendrauf. Welt-Literaturgeschichte sogar.

Wolfgang Maier an seinem Mawell

»Mein Tag hat leider bloß 16 Stunden«

Der Hallenbauer Wolfgang Maier

Wenn man über ihn schreibt, er sei ein Tausendsassa, dann ist das ganz sicher nicht übertrieben. Und er hätte sicherlich auch gar nichts dagegen, so tituliert zu werden. Denn Wolfgang Maier aus Langenburg ist, im besten Sinn des Begriffes, genau ein solcher »Hans-Dampf-in-allen-Gassen«. Sagenhaft, was der Mann so alles bewegt, antreibt und umtreibt. Und dabei hat sein Tag – sehr zu seinem Leidwesen übrigens – »halt leider bloß 16 Stunden«.

Was Wolfgang Maier anpackt, das hat alles Hand und Fuß. Auch wenn sich viele seiner Pläne aufs erste Hinhören ziemlich utopisch anhören: zu teuer, undurchführbar, illusorisch. Aber von wegen teuer und undurchführbar! »Bei mir muss sich alles rechnen!« Das ist sein Grundsatz. Der ihn, all seinen utopischen Ideen zum Trotz, vor dem finanziellen Scherbenhaufen bewahrt. Denn was sich nicht rechnet, das wird auch nicht realisiert. So gesehen sollte man meinen, dass diese Idee, ein Hotel mitsamt einem 38 Meter hohem Schwimmbadturm in Langenburg direkt an die Hangkante über das Jagsttal zu klotzen, recht schnell wieder im Korb für unrealisierbare Wunschträume gelandet wäre. Zumal ihm sämtliche Experten dringendst davon abgeraten haben, so einen 20-Millionen-Euro-Luxustempel ausgerechnet in der hohenlohische Pampa zu verwirklichen. Doch Wolfgang Maier hatte zu diesem Zeitpunkt längst gerechnet und war am Ende der felsenfesten Überzeugung: »Das geht! Das rechnet sich!« Worauf er erst einmal diese ganzen pessimistischen Experten und Architekten in die Wüste geschickt und seine Anlage halt selber geplant und mit seinen eigenen Leuten der Stallbau(!)-Firma »Farmbau« gebaut hat.

»Die sogenannten Experten wollten mir allen Ernstes riesige Fenster auf die Südseite platzieren – und als ich denen dann gesagt habe, dass das im Sommer eine Sauhitze geben würde, haben sie gemeint, man könne dann ja kühlen. Die gigantischen Energiekosten, die das verschlungen hätte, die waren denen völlig egal. Klar, bezahlen müssen hätten am Ende ja nicht die, sondern ich!« Und so hat er genau das Gegenteil von dem gemacht, was ihm die »Experten« geraten hatten: auf der Südseite gibt es nur wenige kleine Fenster, dafür auf der Nordseite, in der großzügigen Empfangshalle, eine gewaltige Glasfront. »Und oben, auf dem Turm, da können die Leute die Sonne ja genießen, wie und wo sie wollen. In allen Himmelsrichtungen.«

Mittlerweile hat Wolfgang Maier sein »Mawell«, die Abkürzung steht für »Maier – Wellness«, schon mehrfach vergrößert. Jetzt sind es bereits 105 Zimmer, beinahe doppelt so viele, wie zu Beginn, und die Investitionssumme ist auf rund 30 Millionen Euro gestiegen. Auf die Frage, wann er wohl glaube, zum ersten Mal schwarze Zahlen schreiben zu können, lässt der 59-Jährige kurz sein verschmitztes Hohenloher Lächeln aufblitzen. »Wir schreiben schon lange schwarze Zahlen. Das können Sie mir glauben. Denn wie gesagt: bei mir muss sich alles rechnen!« Die Auslastungsquote des »Mawell« liegt inzwischen bei über 90 Prozent. Das ist gigantisch. Mehr geht nicht in der Hotelerie. Auch in Sachen Energiekosten ist Wolfgang Maier auf der sicheren Seite: aus Mist und Mais erzeugt die nahe Biogasanlage die benötigte Energie und spart so den Einsatz von einigen hunderttausend Litern Heizöl. Es rechnet sich …

»Als ich das »Mawell« geplant habe, da wollte mir keine Bank einen Kredit dafür geben. Inzwischen stehen sie Schlange. Aber jetzt brauche ich sie nicht mehr. Zum Glück habe ich sie vorher auch nicht unbedingt gebraucht, denn ich habe dann halt 90 Prozent Eigenkapital hineingesteckt.«

Kein Wunder, dass es Vorbehalte gab, oder? Denn allein diese irrwitzige Idee mit dem 38 Meter hohen Turm! Der sieht doch aus, wie ein zu hoch geratener Turm zum Schlauchtrocknen für die Langenburger Feuerwehr! Wieder dieses verschmitzte Lächeln. »Mag ja sein. Aber man sieht ihn von überall. Er ist eine echte Landmarke geworden – und wer einmal dort oben geschwommen ist oder in der Sauna war und praktisch ganz Hohenlohe hat sehen können – vor allem morgens oder abends dann, bei Sonnenuntergang – der schwärmt nur noch von diesem einmaligen Erlebnis. Eine bessere Werbung gibt es gar nicht!« Auch wieder wahr. Und wenn in nächster Zeit jetzt auch noch der schwimmbare Baumwipfelkanal direkt über dem Jagsthang dazu kommt, dann ist eine weitere spektakuläre Duftmarke gesetzt. Wie gesagt: für Wolfgang Maier gibt es nichts, was man nicht einmal probieren könnte. Hauptsache, es rechnet sich. Und es rechnet sich vieles, wenn man mit dem nötigen Sachverstand, gepaart mit Mut und Augenmaß an die Dinge heran geht. Ganz im Sinne des Luftschiffbauers Ferdinand Graf Zeppelin, dessen Lebensmotto war: »Man muss nur wollen und daran glauben, dann wird es auch gelingen«. Es könnte genauso gut das Motto von Wolfgang Maier sein.

Ob er denn von Hause aus Architekt sei oder Statiker? Von wegen! Er sei Bauer, gibt er stolz zur Antwort. Er sei in Blaufelden auf die Landwirtschaftsschule gegangen und habe dann eigentlich im elterlichen Bauernhof in Atzenrod mitarbeiten wollen. »Aber mein Vater und ich… zwei Hohenloher Dickschädel. Das hat einfach nicht funktioniert!« Deswegen ist dann halt der Junior gegangen und hat sich über die Jahre bei einer Stallbaufirma in Uffenheim hochgearbeitet, bei der er dann eine eigene Technik für Rundschalungen entwickelt hat. Danach hat er in Insingen die Firma »Farmbau« gegründet, die sich auf eine spezielle (und natürlich patentierte) Fertigbauweise für Hühner- und Schweineställe spezialisiert hat. Aber das war erst der Anfang: inzwischen werden in Insingen auch ganze Industriehallen vorgefertigt, dazu kann es nebendran gerne auch noch gleich ein schlüsselfertiges Wohnhaus für die Unternehmerfamilie sein, womöglich gar mit Solaranlage auf dem Dach. Deren spektakulärstes Vorbild steht ebenfalls auf dem Farmbaugelände in Insingen: ein drehbares Haus, das mit der Sonne mitwandert und somit die optimale Energieausbeute für die Photovoltaikanlage einfährt. Wieder einmal eine genauso ideale wie verblüffend einfache Maier-Idee! »Das ist für mich das Schönste, wenn irgendwann dann jemand kommt und zu mir sagt: da hätte ich eigentlich auch selber drauf kommen können! Genau des isch es!«

Ach ja: weder im »Mawell«, noch beim »Farmbau« gibt es übrigens einen Betriebsrat, und das, obwohl hier wie dort eine respektable Anzahl von Mitarbeitern beschäftigt wird. Auf die Frage warum das so ist, zuckt Wolfgang Maier kurz zusammen und runzelt irritiert die Stirn: »Dann würde doch etwas nicht stimmen! Wir legen größten Wert auf ein kollegiales freundliches Betriebsklima und auf die ganz kurzen Wege. Da brauchen wir keine Zwischeninstanzen. Nein, dann würde echt etwas nicht stimmen.« Und zum Beweis scheibt er nach, dass die Bewerber bei ihm für einen Job Schlange stehen, selbst im Hotel gibt es keinerlei Nachwuchsprobleme – im krassen Gegensatz zum branchenüblichen Trend in der Gastronomie.

Noch einmal zurück zur Energie: »Energie von der Sonne gibt es doch im Überfluss! Energie darf eigentlich nichts kosten. Wir müssen sie ganz anders und viel besser nutzen. Das wäre die Lösung aller Probleme!« Wieder so etwas, das ihn schon seit langem umtreibt – und wofür er jetzt – nachdem er nach drei Wahlperioden aus dem Langenburger Gemeinderat ausgeschieden ist, vielleicht ein bisschen mehr Zeit hat. Denn die lädierte Umwelt und der damit einhergehende Klimawandel, »das Sterben der Wälder!«, das macht dem Landwirt, als der er sich in erster Linie immer noch sieht, gewaltig Sorgen. »Da muss bald etwas geschehen. Denn so wie jetzt, so kann es auf keinen Fall weitergehen!«

Ein Thema, das sich im Übrigen wie ein roter Faden durch sämtliche Begegnungen zieht, die in diesem Buch beschrieben werden. In Hohenlohe ist die Sensibilität in Sachen Umgang mit der Schöpfung in den Köpfen vieler Menschen längst angekommen. Jetzt – um mindestens fünf vor zwölf – geht es dringendst an die Umsetzung. Vielleicht kann dazu aus Hohenlohe noch der eine oder andere Impuls kommen. Und vielleicht heißt einer der Impulsgeber dann mit Nachnamen Maier. Es wäre nicht weiter verwunderlich.

Die Muswiese

Hohenlohes fünfte Jahreszeit

Ach komm, das sagen sie doch alle: Es sei das schönste Fest überhaupt, nicht nur im weiten Umkreis, sondern vermutlich sogar weltweit.

Man kann es beinahe nimmer hören: überall dieselben großen Sprüche: das schönste, das größte, das älteste, das gemütlichste Fest überhaupt. Ob in Crailsheim das Fränkische Volksfest, die Mooswiese in Feuchtwangen oder die Muswiese in Musdorf bei Rot am See. Immer wieder dasselbe. Nur mit dem einen, kleinen, aber eben doch entscheidenden Unterschied: auf die Muswiese treffen diese Superlative wirklich zu!

Denn immerhin ist die Muswiese unbestritten eines der ältesten Volksfeste in Deutschland – und so arg lange dauert es gar nicht mehr bis zum 600. Jahr der ersten urkundlich nachweisbaren Erwähnung. Was nichts anderes heißt, als dass die Tradition der Jahrmärkte auf der Muswiese in Wahrheit womöglich sogar noch um einiges älter sein dürfte, als diese erste Erwähnung aus dem Jahr 1434.

Ganz traditionell ist zunächst einmal schon der alljährlich fixe Beginn dieser Festivität. Die Muswiese findet nämlich immer an Burkhardi statt. Beziehungsweise in der Woche des Burkharditags. Burkhardi, das ist der 11. Oktober. Ganz einfach, oder? Von wegen!

Denn jetzt wird's kompliziert. Sollte Burkhardi nämlich auf einen Freitag oder Samstag fallen, findet die Muswiese erst in der darauf folgenden Woche statt. Rechenschieberarithmetik. Hört sich kompliziert an und ist im Grunde genommen dennoch eine klare Sache, an der sich jahrhundertelang nichts geändert hat. Nur einmal, wegen der Einführung des Gregorianischen Kalenders Anfang des 18. Jahrhunderts, durch den sich unsere Zeitrechnung um beinahe zwei Wochen verschoben hat, musste man den Jahrmarktsbeginn neu definieren. Statt Michaelis (dem 29. September) hieß es künftig nun Burkhardi, der 11. Oktober. Der Tag als solcher war freilich immer noch derselbe (nur heißt er kalenderbedingt seitdem halt anders). Gefeiert wird auf der Muswiese immer von Samstag bis Donnerstag. Doch Achtung: der Montag ist traditionell ein Ruhetag. Auch ein Brummschädel braucht ja mal eine kleine Auszeit.

Aber genug der Rechnereien. Wenden wir uns lieber der Tatsache zu, dass es sich bei der Muswiese um die 5. Jahreszeit für alle Hohenloher handelt – wie das andernorts beim Karneval oder in der Fastnacht der Fall ist. Nur geht es rund um Musdorf längst nicht so abgefahren zu, wie in Kölle oder sonstwo, sondern viel viel gemütlicher. Jedenfalls wird bei einer Terminabsprache á la Hohenlohe normalerweise gefragt, ob die Zeit *vor* der Muswiese oder *nach* der Muswiese gemeint sei.

Wieso hat sich dieser überregional bedeutende Jahrmarkt mit seinen deutlich mehr als hunderttausend Besuchern nun aber ausgerechnet im winzigen Musdorf bei Rot am See über die ganzen Jahrhunderte hinweg halten können? Und: wieso findet er überhaupt dort statt? Die Antwort gibt uns ein kurzer Blick in die Geschichte: hier bei Musdorf haben sich nämlich früher zwei bedeutende Handelswege gekreuzt. Der Fernweg von Nord nach Süd, also vom Main zur Donau und die alte Salzstraße von Schwäbisch Hall nach Rothenburg und weiter nach Nürnberg.

Tradition ist logischerweise alles auf der Muswiese. Und bei den nahezu 350 Ständen, die alljährlich für den Jahrmarkt aufgebaut werden und sich (zusammengezählt) kilometerweit aneinander reihen, kann man alles bekommen, was das Herz eines Jahrmarktbesuchers begehrt und was es sonst beinahe nirgendwo mehr gibt: vom Hosenträger über die berühmten Kittelschürzen bis zur Klobürste, Socken, Unterhosen, Geldbeutel, Kälberstrick, Haargummi, Gummibärle, gebrannte Mandeln, Magenbrot und Schaffelle. Über all das wacht sorgsam der Muswiesenmarktmeister. Und damit der für alle seine Schäflein jederzeit erreichbar ist, verbringt er die Muswiesenzeit (samt den Tagen und Nächten davor und danach) gleich ganz am Ort des Geschehens in einem eigens für diesen Zweck aufgestellten Wohnwagen am Festgelände.

Jahrmarkt. Festwiese. Was also ist die Muswiese nun eigentlich ganz genau? So richtig beantworten lässt sich diese Frage im Grunde genommen nicht, denn im Gegensatz zu den üblichen Festivitäten ist hier das mit Bierdunst geschwängerte Festzelt (das es natürlich auch in Musdorf gibt) längst nicht der tatsächliche Dreh- und Angelpunkt. Ganz im Gegenteil sogar. Das Festzelt ist eher etwas für die Auswärtigen. Für diejenigen, die von weiter her kommen. Die »richtigen« echten Hohenloher, die trifft man in den Muswiesenwirtschaften, die oft schon seit vielen Jahrzehnten von ein und derselben Familie betrieben werden. Das sind keine Gasthäuser im eigentlichen Sinn des Wortes, sondern vielmehr zu einer Art Besenwirtschaft umfunktionierte Wohnhäuser, Schuppen und ehemalige Stallgebäude. Jeder Anwohner, dessen Haus beziehungsweise Hofstelle auf dem Gelände der Muswiese liegt, hat nämlich während der Muswiesenzeit das Schankrecht.

Da kann man dann beispielsweise »beim Uhl« »beim Pressler zum Ochsen« oder »beim Hofmann zur Hofburg« einkehren und nach Herzenslust essen, trinken und vor allem all die Freunde und Bekannten wieder treffen, die man sonst oft das ganze Jahr über nicht zu Gesicht bekommt. An der Muswiese sieht man sie alle dann schon. Darauf kann man sich fest verlassen. Das ist so sicher, wie das Amen in der Kirche. Denn da trifft sich ganz Hohenlohe. Die einen am traditionellen »Ledigen Dooch«, die anderen am Sonntag, wieder andere beim Metzgertanz.

Der Metzgertanz ist ebenfalls ein uralter Brauch. Auch so eine Rarität der Muswiese, die folgendermaßen zustande gekommen ist: vor einigen Jahrhunderten soll einst des Nachts eine Räuberbande das Fest überfallen haben und nur dank der tapferen Gegenwehr der anwesenden Metzger konnten die Räuber verjagt werden. Als Dank für diese Heldentat haben sie das Privileg erhalten, alljährlich bei der Muswiese den so genannten Metzgertanz aufzuführen. Dazu gabs von der Herrschaft früher kostenlos Holz fürs Feuer, sowie vier bis acht Maß Wein für die wackeren Tänzer. Die Musikanten auf der Muswiese hatten dabei kostenlos zum Tanz aufzuspielen. Bis heute findet dieser Metzgertanz statt. Gut und gerne 30 Tanzpaare nehmen daran teil, manchmal sogar noch mehr. Eine weitere, wunderschöne Muswiesentradition.

Das alles zu erleben, macht natürlich durstig und hungrig, Womit wir wieder in den Muswiesenwirtschaften angelangt wären. Dort werden all jene Köstlichkeiten aufgetischt, die man bei »normalen« Jahrmärkten üblicherweise vergeblich suchen wird: Sauerbraten mit Klößen, Siedfleisch mit Meerrettich, frisch gebackenes (natürlich eigenes) Holzofen-Bauernbrot, Hausmacher Bratwürste und Schlachtplatte mit Kraut und so weiter und so fort... Mit anderen Worten: wer hungrig von der Muswiese nach Hause geht, ist selber schuld. Eine ganz besondere Rarität auf der an originellen Details nicht gerade armen Muswiese stellt übrigens das von der Familie Pressler angebotene Kraut dar. Traditionellerweise fährt man nämlich am Volksfestsamstag mit den Uhls auf die Fildern in der Nähe

Familie Pressler mit der inzwischen leider verstorbenen Oma

von Stuttgart, wo das berühmte, besonders feine Sauerkraut angebaut wird. Mehr als 20 Zentner Krautköpfe bringen die Presslers üblicherweise nach Hause, die Uhls oft sogar noch ein paar Zentner mehr. In der Küche haben sie es stundenlang gehobelt und in einem Eichenfass eingestampft. Dort ruht es drei Wochen lang – so lange, bis die Muswiese beginnt. Allein in der Wirtschaft von Klaus und Christoph Pressler werden über die Festzeit 16 Schweine und ein Bulle verveschpert – alle natürlich aus eigener Aufzucht. Und trotzdem kann es vorkommen, dass schon nach anderthalb Tagen die eine oder andere kulinarische Spezialität restlos vertilgt ist. Kein Wunder, dass die ersten Besucher schon um halb elf Uhr (morgens) genüsslich ihre Schlachtschüssel vertilgen: sicher ist halt sicher.

Wenn das doch bloß der Elvis Presley gewusst hätte! Der Elvis? Ja, freilich: der »King of Rock 'n Roll«! Genau den meine ich: den ahnungslosen Vetter aus den USA, der doch tatsächlich nicht gewusst hat, dass er mit den Presslers aus Musdorf verwandt ist. Und zwar in der 10. Generation, also über den Ur-Ur-Ur-Ur-Ur-Ur-Ur-Großvater. Denn jener ist im frühen 18. Jahrhundert ausgewandert nach Amerika, um sich dort eine neue Existenz aufzubauen. Wie viele andere Hohenloher nach ihm. Und einer von seinen Nachfahren, die sich jetzt Presley geschrieben haben, ist der legendäre Elvis gewesen. Was glauben sie, wie gut dem das Presslersche Sauerkraut mit Knöchle und Schweinebäckle geschmeckt hätte, wenn er während seiner Soldatenzeit in Deutschland einmal die Verwandtschaft auf der Muswiese besucht hätte! Und wer weiß, vielleicht hätte er am Ende seines Aufenthalts dann auch nicht sein »Muss i denn zum Städtele hinaus« gesungen, sondern eher ein trauriges »Muss i leider scho wieder von der Muswiese fort« geschmettert. Aber ganz sicher wäre er im nächsten Jahr wieder gekommen – um es sich dieses Mal vielleicht dank Soß' mit Kloß so richtig gut gehen zu lassen. Das ist halt schon was anderes, als so ein labberiger Hamburger in einem kätschigen Matschweckle. Was der King begeistert mampfend sicherlich zu einhundert Prozent genau so bestätigt hätte.

Wem jetzt inmitten all dieser Köstlichkeiten und Besonderheiten allmählich die Euros knapp geworden sind, der kann seine Zeche auch in anderer Währung begleichen. Nämlich mit dem Muswiesengeld, das manche Wirtschaften ausgeben. Damit das schöne Geld, das man für dieses festliche Ereignis von der Tante, der Oma oder manchmal gar dem Opa geschenkt bekommen hat, auch wirklich im Lande, sprich: in Hohenlohe, bleibt. Denn ausgeben kann man es nur dort, auf dem schönsten Fest von ganz Hohenlohe, ja sogar von ganz … sie wissen schon.

Es stimmt wirklich.

Also dann: wir sehen uns. Spätestens auf der Muswiese. Wie immer um den Burkharditag.

Die Anhäuser Mauer

Eine Wand mitten in der Landschaft

Die geheimnisvolle Anhäuser Mauer

Es soll tatsächlich Touristen aus Amerika gegeben haben, denen beim Stichwort Anhäuser Mauer sofort der Gedanke an ein kühles, frisches Bier eingefallen ist. »Well, Anheuser-Busch«, größte Brauerei der USA. Was das freilich mit Hohenlohe zu tun haben könnte, das entzog sich logischerweise der Kenntnis des durstigen Trinkers. Egal! Hauptsache, flüssiger Nachschub für die trockene Kehle schien in erreichbarer Nähe. Dementsprechend groß war die Enttäuschung, als der vermeintliche Durstlöscher in XXL-Format »nur« mit einer kulturhistorischen Besonderheit des an Besonderheiten ja nicht gerade armen Landstrichs zwischen Jagst und Kocher erklärt wurde. Als letzter baulicher Überrest eines spätmittelalterlichen Klosters. Die umwölkte Miene wich freilich rasch einem ziemlich verblüfften Gesichtsausdruck, als dann dieses Unikum für erstaunten Betrachter sichtbar wurde: eine Gebäudefassade. Einfach so, mitten in der Landschaft! Rund zehn Meter lang und an die 20 Meter hoch scheint eine steinerne Wand geradezu aus dem Acker zu wachsen. Seltsam. Geradezu surreal! Man könnte wirklich meinen, irgendwie im falschen Film gelandet zu sein. Eine einzige Hauswand! Dass sie alt sein muss, das lässt sich unschwer erkennen. Wo aber sind die anderen Seiten abgeblieben, und überhaupt: was hat es damit auf sich?

Ein kleiner Ausflug in die hohenlohische Geschichte sorgt rasch für die nötige Aufklärung. Bei der sogenannten Anhäuser Mauer, die auf dem Gebiet der Gemeinde Satteldorf in der Nähe von Crailsheim liegt, handelt es sich um den letzten noch sichtbaren Überrest eines ehemaligen Klosters, des Klosters Anhausen, das hier vor über 600 Jahren – sozusagen mitten in der »Pampa« – gestanden hat.

Schon im Jahr 1344 wird hier eine Marienkapelle erwähnt. Allein das deutet bereits darauf hin, dass da womöglich ein fränkisches Adelsgeschlecht die Finger mit im Spiel hatte, denn die Muttergottes ist ja bekanntlich die Nationalheilige und Schutzpatronin von Franken. Auf dem Marienberg hoch über Würzburg hat sie ihren Sitz und wacht von dort aus über das ganze fränkische Land. Tatsächlich wird dann im Jahr 1357 ein Lupold von Bebenberg genannt, auf dessen Geheiß die Marienkapelle wesentlich vergrößert worden ist. Die Herren von Bebenberg wiederum waren alter fränkischer Adel, der seinen Stammsitz in Brettenfeld bei Rot am See hatte. Gut zwei Jahrhunderte früher hatten sie schon das Kloster Schöntal an der Jagst gegründet (in dem übrigens Götz von Berlichingen begraben liegt). Sie waren also nicht irgendwer und scheinen die Kapelle deshalb auch mit so viel Besitz versehen zu haben, dass seit 1359 ein Einsiedler namens Bruder Konrad hier angesiedelt werden konnte, der sich mit seinen Gebeten um das Seelenheil der Stifterfamilie verdient gemacht hat.

Diese klassische Einsiedelei wurde 1403 in ein Kloster umgewandelt und konsequenterweise an den damals in Deutschland noch relativ jungen Orden der Pauliner-Eremiten übergeben, die sich hauptsächlich als Bewahrer der Marienheiligtümer in ganz Europa verstanden haben – und dies noch immer tun: so betreuen sie im polnischen Tschenstochau seit nunmehr 600 Jahren einen der wichtigsten Marienwallfahrtsorte weltweit. Schon ein Jahr später hat der Bischof von Würzburg die Klostergründung bestätigt. Dass es so rasch ging, ist kein Wunder, denn der Bischof von Würzburg, der früher sogar direkt auf dem Marienberg residierte, fungiert ja als Interessenswahrer der fränkischen Nationalheiligen Maria. Im Jahr 1418 hat dann Papst Martin V. das Kloster ausdrücklich anerkannt. Dieser Akt war eine bedeutungsvolle Handlung, der Konsequenzen für den ganzen Landstrich nach sich gezogen hat.

Denn Anfang des 15. Jahrhunderts herrschte ja das große Schisma in Europa. Das heißt, die Kirche war hoffnungslos zerstritten und gespalten. Ein Papst residierte in Rom, der Gegenpapst in Avignon. Erst im Konstanzer Konzil, das sage und schreibe vier Jahre lang, nämlich von 1414 bis 1418 dauerte, wurden nach zähem Ringen (und durch massive Einflussnahme des deutschen Königs Sigismund) zunächst drei rivalisierende Päpste abgesetzt und am 11. November 1417 mit Papst Martin V. (übrigens handelte es sich bei diesem um den unehelichen Sohn eines italienischen Kardinals!) wieder ein neuer Papst gewählt. Weil der neue Papst – einer von zwei Päpsten, die jemals in Deutschland gewählt worden sind – sein Amt als Stellvertreter Christi am Martinstag angetreten hat, nannte er sich Martin V.

Nach vielen Jahren ist es diesem Papst dank einer ausgeklügelten Geheimdiplomatie schließlich gelungen, die Kirchenspaltung aufzuheben. Sogar in baulicher Hinsicht markierte sein Papsttum den Beginn einer neuen Ära: man wollte nicht nur in geistlichen Angelegenheiten endlich den alten Streit vergessen machen, sondern mit der Hinwendung zur Antike auch philosophisch und in der Architektur etwas Neues schaffen. Weswegen Martin V. als erster Renaissancepapst in die Geschichte eingegangen ist.

Ein neuer Papst, der kaum dass er im Amt ist, die Klostergründung von Anhausen in Hohenlohe bestätigt! Das war in jenen unruhigen Zeiten ein hochpolitischer Akt – und so darf mit einigem Fug und Recht vermerkt werden, dass das kleine Fleckchen Anhausen in

Hohenlohe damals spürbar von einem kräftigen Hauch der Weltgeschichte gestreift worden ist.

Die Klosteranlage selbst soll durchaus stattlich ausgesehen haben, kein Wunder, bei so einer imposanten Vorgeschichte und eingedenk der Tatsache, dass die einflussreichen Bebenburger weiterhin schützend die Hand über ihr Kloster hielten und es mit zusätzlichen bedeutenden Schenkungen wirtschaftlich in eine glänzende Situation versetzten – im Gegenzug haben sie sich dafür zahlreiche Messen für ihr ewiges Seelenheil ausbedungen. Mit anderen Worten: das Ganze war ein klassischer »Deal«, wie man heute sagen würde, der großzügigen, nicht gänzlich uneigennützig handelnden Stifter.

Alles hätte für immer und ewig so gut bleiben können – wenn da nicht im Jahr 1445 das Schicksal in Form eines verheerenden Brandes zugeschlagen hätte. Die Bebenburger haben die Gebäude zwar unverzüglich wieder aufbauen und sogar an die Nord- und Südseite zwei große Kapellen anbauen lassen, aber irgendwie … war seitdem der Wurm drin, wie man das halt so sagt. Seit dem Jahr 1504 wurden dann die Markgrafen von Ansbach zu den neuen Schutzherren des Klosters Anhausen und nachdem sich die Markgrafen nur wenige Jahre später der Reformation angeschlossen haben, waren die Tage des Klosters gezählt.

Dieses Ende hat Markgraf Georg von Ansbach auf ziemlich clevere Art und Weise eingeläutet. Er hat nämlich das Kloster nicht einfach zugesperrt und die Paulinermönche davon gejagt – was eventuell harte Reaktionen der katholischen Seite provoziert hätte – vielmehr hat er den Mönchen einfach untersagt, neue Schüler (Novizen) bei sich aufzunehmen, was zwangsläufig zur Folge haben musste, dass er nur noch ein paar Jährchen zu warten brauchte, bis auch der letzte Klosterinsasse seinen finalen Schnaufer getan hatte.

Nach dem Tod des Priors Leonhard wurde das Kloster Anhausen im Jahr 1557 aufgelöst.

Übrig blieb ein landwirtschaftliches Anwesen mit viel zu großen Gebäuden. Deshalb wurde ab 1700 allmählich mit dem Abbruch begonnen. Warum man aber ausgerechnet diese eine einzige, zehn Meter lange Mauer hat stehen lassen, darüber kann nur gerätselt werden. Mag sein, dass es an den dort eingelassenen steinerner Abbildungen lag, die fünf Mitglieder der Familie der Herren von Bebenburg zeigen. Sozusagen der Respekt vor den lange verblichenen Klostergründern. Das könnte der Grund dafür gewesen sein, der die Hand mit dem Abrisspickel hat innehalten lassen. Gut möglich, dass es so war. Gott sei Dank. Denn so ist uns dieses Unikum erhalten geblieben – mitten in der Landschaft – als steinernes Überbleibsel einer kurzen, aber dennoch bedeutungsvollen hohenlohischen Klostergeschichte. Schon deshalb lohnt sich ein Besuch hier immer.

Und wenn wir schon einmal da sind: nur einen Steinwurf weiter im Süden, finden wir im Gronachtal die historische Hammerschmiede vom Anfang des 19. Jahrhunderts. In jahrelanger, penibler Arbeit ist sie als Kulturdenkmal wieder originalgetreu hergerichtet werden und wartet mit ihren Schauvorführungen gerne auf interessierte Besucher. Das i-Tüpfelchen auf einen schönen Ausflug in die Geschichte …

Türkischer Joghurt – original aus Hohenlohe

Preisfrage: woher stammen die 25.000 Tonnen Käse nach türkischer Art, sowie ebenfalls 25.000 Tonnen türkischer Joghurt und Ayran, die unter den Markennamen Gazi, Sirtakis, etc. in 50 verschiedenen Ländern angeboten werden?

Aus Deutschland! Wetten, dass Sie es nicht gewusst hätten? Aber die Fragerunde geht noch weiter: in welchem deutschen Landstrich werden diese Produkte hergestellt. Antwort: in Hohenlohe! Ja, tatsächlich! Türkischer Käse und Joghurt – original made in Crailsheim und Schrozberg. Dort sind nämlich die beiden Betriebsstätten, die im Auftrag der Stuttgarter Garmo AG Balkankäse, Feta, Kashkaval, Joghurt, sowie Pfannen- und Grillkäse produzieren, die dann hauptsächlich unter dem Gazi-Symbol in die Supermarktregale in aller Herren Länder gelangen.

Um es sich nochmals auf der Zunge zergehen zu lassen, denn man schlabbert diese Zahlen doch viel zu schnell und gedankenlos einfach vor sich hin: zweimal 25.000 Tonnen. Das sind 25 Millionen Kilogramm Käse und 25 Millionen Kilogramm Joghurt. Und das alles kommt wie gesagt komplett aus Hohenlohe! Gigantisch!

Während von den Schrozberger Milchbauern die gesamte Joghurtpalette von Gazi bestückt wird, liefert das Milchwerk Crailsheim-
elsbühl das komplette Gazi-Käsesortiment. Ja, mehr noch: die
heimer samt ihrer 380 Milchbauern produzieren inzwischen

GAZI-Chef Eduardo Garcia mit Nachwuchsstars

sogar ausschließlich für Gazi, so gewaltig groß ist der Bedarf beziehungsweise die Abnahmemenge. Ein bedeutender Wirtschaftsfaktor für die ansonsten so krisenanfällige Milchwirtschaft – und er könnte noch größer sein, wenn sich nur endlich mehr hohenlohische Bauern fänden, die das Milchwerk mit Schafsmilch versorgen könnten. Die muss nämlich immer noch aus Spanien zur Weiterverarbeitung nach Crailsheim gekarrt werden. Händeringend sucht man nach einheimischen Produzenten, aber bevor ein stolzer Landwirt aus dem Fränkischen zum Schafhirten mutiert …

Was nicht ist, kann freilich noch werden. Dessen ist man sich in der Firmenzentrale in Stuttgart ganz sicher. Das Wort »unmöglich« gibt es nämlich schlichtweg nicht im Wortschatz der Firma

– und schon gar nicht in dem ihres Firmengründers Eduardo Garcia. Denn schon dessen Lebensgeschichte liest sich wie ein einziges Märchen – nicht aus »Tausend und einer Nacht« sondern aus Süddeutschland.

Allein schon der Name: Garcia. Das klingt so ganz und gar nicht türkisch – und ist es auch nicht. Genauso wenig, wie »Gazi«, seine bekannteste Marke, aus einem türkischen Unternehmen stammt.

An nichts anderes aber haben alle gedacht, als im Jahr 2004 das Stadion der Stuttgarter Kickers plötzlich in »Gazi-Stadion« umgetauft worden ist: »Jetzt haben die Türken also schon die Stuttgarter Kickers übernommen!« Nur wenige Jahre später ging es noch einen gewaltigen Schritt weiter: da stieg Gazi buchstäblich in die 1. Bundesliga auf und wurde Trikotsponsor des VfB Stuttgart. Ein Ding der doppelten Unmöglichkeit! Erstens, weil man sich in Stuttgart natürlich gefragt hat, was eine türkische Firma mit dem (bekanntlich immer wieder gewaltig kriselnden) Stuttgarter Fußball-»Aushängeschild« am Hut hat und zweitens, wie es denn möglich sein könne, dass ein Sponsor ausgerechnet diese beiden grundverschiedenen, sich nicht immer wohlgesonnenen Stuttgarter Gegenpole VfB und Kickers – die Roten und die Blauen – unter ein und denselben Hut bringt. Wie gesagt: Ein Ding der Unmöglichkeit!

Nicht jedoch für Eduardo Garcia, den Schwaben mit dem spanischen Nachnamen, der in Hohenlohe türkischen Joghurt und Käse herstellen lässt. Der hat schon immer weit über den Tellerrand hinausgesehen. Hinaussehen müssen. Zwangsläufig. Denn der im Jahr 1950 in Stuttgart geborene Garcia hatte es als Kind im Schwäbischen schon wegen seines Familiennamens nicht leicht. Immer wieder wurde er am Beginn eines neuen Schuljahres von seinen Lehrern mit derselben Frage konfrontiert: »Eduardo Garcia, bischt du an Ausländer?« Das war zu diesen Zeiten nicht besonders lustig.

Viel lieber hätte er Müller, Meier oder Häberle geheißen. Aber nein: er hieß Garcia, denn sein Vater war ein spanischer Offizier gewesen, den es in den Nachwehen des Zweiten Weltkriegs in ein Stuttgarter Lazarett verschlagen hatte, wo er ein Mädchen aus einem schwäbischen Beamtenhaushalt kennen lernte. Die Ehe scheiterte: als Eduardo vier Jahre alt war, ging sein Vater nach Südamerika – ohne die Familie. Zurück blieb ein schwäbisch sprechendes Kind mit einem spanischen Familiennamen und den ganzen Problemen, die sich damals daraus ergeben haben.

Eduardo Gracia freilich hat seine Kindheitserlebnisse später dazu nutzen können, eine Unternehmerkarriere der ganz besonderen Art zu starten. Er wusste ja, wie es ist, sich als Angehöriger einer Minderheit zu fühlen. Nach dem Studium der Volks- und Betriebswirtschaft fand er die Marktlücke: »Man muss den Menschen die Lebensmittel bieten, die sie aus ihrer Heimat kennen, die es in Deutschland aber nicht gibt.« So kam es im Jahr 1975 zur Gründung seiner Firma Garmo AG, die mit ihren Produkten inzwischen einen Umsatz von 100 Millionen Euro pro Jahr macht, 65 Mitarbeiter aus 15 verschiedenen Nationalitäten beschäftigt, zu 100 % im Besitz des Firmengründers ist und inzwischen als Europas größter Vermarkter von Milchprodukten nach türkischer Art gilt. Dazu kommen weitere Arbeitsplätze (insgesamt fast 500) in den Milchwerken Schrozberg und Crailsheim, sowie die vielen Hohenloher Milchbauern, die ihre Existenz dem Käse und Joghurt Marke Gazi verdanken, die inzwischen zu den weltweit führenden Anbietern von Milchprodukten türkischer Art gehört.

Besonders stolz ist man am Firmensitz in Stuttgart, sowie in den beiden hohenlohischen Produktionsorten auf die Tatsache, dass sämtliche Artikel eine »Helal«-Zertifizierung aufweisen. Das heißt, sie sind nach besonders strengen Regeln hergestellt und somit auch für Muslime konsumierbar.

Dass 97 Prozent der in Europa lebenden Türken die Marke Gazi kennen, liegt sicherlich auch an der Tatsache, dass ganz gezielt im Europafenster des türkischen Fernsehens dafür geworben wird. Und natürlich am Markennamen: denn Gazi, das bedeutet im türkischen »der Held, der aus dem heiligen Krieg kam«. Ein genialer Name, der mehr oder minder zufällig zum Markenpaten geworden ist. Denn bei der Gründung seines Unternehmens stand der Schwabe Garcia vor dem Problem, wie man wohl eine Marke idealerweise nennen könnte, die zunächst eine vorwiegend türkische Kundschaft erreichen sollte. Ein türkischer Freund hat daraufhin gemeint, so etwas wie Gazi = Held, das klinge nicht schlecht. Und schon war der Markenname geboren.

Ein weiterer Umstand hat Gazi bei seiner ursprünglichen Zielgruppe bekannt gemacht, nämlich dass der in der Türkei besonders populäre Fußballtrainer Christoph Daum schon seit einem Vierteljahrhundert mit dem Gazi-Logo am Revers auftritt. Garcia und Daum kennen sich bereits aus der Zeit, als Daum noch Trainer beim VfB Stuttgart war – und diese Freundschaft hat gehalten, trotz aller Stürme, die über den quirligen Fußballlehrer zwischenzeitlich hinweg gefegt sind.

Dafür, dass Gazi allmählich auch beim deutschen Publikum immer bekannter wird, sorgt das Sport-Sponsoring, das längst nicht nur die beiden Stuttgarter Fußballvereine sondern auch Profiboxer umfasst. Natürlich war das mit der Trikotwerbung beim VfB Stuttgart ein Riesencoup, Gazi ist seitdem buchstäblich in aller Munde – auch wenn der VfB rein vom Spielerfolg her betrachtet dem bekennenden Fußballfan Garcia seit Beginn seines Engagement bei den Wasenkickern nicht unbedingt große Freude gemacht hat.

Eine andere Aktivität ist dem ehemaligen Außenseiterkind noch ganz besonders wichtig: die Gazi-Kinderstiftung, die Eduardo Garcia im Jahr 1999 nach einem verheerenden Erdbeben in der Türkei gegründet hat. 140 Kinder leben seit 2001 im von der Stiftung wieder aufgebauten Waisenhaus in Karamürsel, zwei Autostunden südlich von Istanbul. Und auch in der Region Stuttgart will man sich im Interesse von benachteiligten Kindern engagieren, denn »Kinder sind unsere Zukunft«, davon ist der Mann, der als Kind die Schattenseiten der Gesellschaft selber erfahren musste, zutiefst überzeugt.

Gazi: Das alles klingt nicht nur so, es ist schlichtweg ein modernes Märchen. Schön, dass auch Hohenlohe seinen Anteil daran hat. Dank all der Hohenloher Kühe, die weiterhin fleißig türkischen Käse und Joghurt produzieren. Eine schöne Seite der Globalisierung. Und siehe da: Manchmal kann eine Verbindung zwischen Stuttgart und Hohenlohe also auch tatsächlich funktionieren! Zum beiderseitigen Nutzen, worüber sich dann auch wirklich alle freuen dürfen.

Das Hohenloher Kuhessen

Ich gebe es zu: als ich zum ersten Mal vom Hohenloher Kuhessen gehört habe, da dürfte ich nicht unbedingt mit meinem intelligentesten Gesichtsausdruck aus der Wäsche geguckt haben. Hört sich aufs erste Hinhören ja ziemlich grobschlächtig an. Kuhessen! Also wirklich!

Folglich keine Ahnung, was das wohl sein sollte. Also habe ich, wie man das halt heutzutage so macht, das Internet bemüht. Aber auch dieses zeigte sich meinen Recherchebemühungen gegenüber ziemlich ratlos. »Meinten Sie Kur-Hessen?« bin ich von den Buchstaben auf dem Bildschirm da allen Ernstes gefragt worden. Und dazu wurde sicherheitshalber als Alternative noch die Vermutung in den Raum gestellt, ich könnte mich eventuell vielleicht für die Ernährung der Kuh interessiert haben. Also: was ein gemeines deutsches Rindviech halt den lieben langen Tag über so alles frisst, verdaut und wiederkäut

Mit anderen Worten: Fehlanzeige. Aber woher sollen die Nordlichter auch wissen, dass es sich beim Kuhessen in Wahrheit um eine traditionelle Köstlichkeit in Hohenlohe handelt, die besonders gerne zwischen November und Fastnacht verspeist wird. Immer dann, wenn der Winter so richtig Einzug im Land gehalten hat.

Kuhessen … Während der Begriff für ahnungslose Ohren zugegebenermaßen etwas befremdlich klingt, denken Kenner der Materie folglich an einen beinahe himmlischen Genuss.

Woraus also besteht ein echtes Kuhessen? Wie schon die Bezeichnung erahnen lässt, aus einer ganzen Menge. Sprich: aus einer kräftigen Nudelsuppe, danach folgt Siedfleisch aus dem Topf (natürlich soviel das Herz begehrt, beziehungsweise soviel der Magen fassen kann – getreu der alten Hohenloher Weisheit, dass man sich am besten dort niederlassen soll, wo vor lauter Fleisch in der Schüssel die Beilagen nicht zu sehen sind), dazu gibt es eine richtig schön scharfe Meerrettichsoße, gekochte Kartoffeln (wahlweise Bratkartoffeln), Preiselbeeren, sauer eingelegte Gurken, Senfgurken und eine süße Nachspeise, die, wenn man Glück hat, aus Apfelküchle mit der legendären Chaudeausoße (sprich: Schoddosoß'), also einer auf besondere Art zubereiteten Weinsoße, besteht.

Was heutzutage dem Feinschmecker das Wasser im Mund zusammen laufen lässt, ist in früheren Jahrhunderten – wie so viele andere Spezialitäten auch – ursprünglich aus der Not heraus entstanden: es war eher ein arme Leute Essen, als eine Spezialität für verwöhnte Gaumen.

Der Grund, aus dem das winterliche Kuhessen entstanden ist, war folgender: Wenn dem Kleinbauern in einem langen, harten Winter wieder einmal das Futter für sein Rindvieh auszugehen drohte oder wenn die Kuh allmählich zu alt war, um noch richtig Milch zu geben, dann hat man aus dieser misslichen Lage eben eine Tugend gemacht und die Kuh geschlachtet. So konnte man sich wenigstens noch ein paar Mal richtig satt essen und damit hoffentlich einigermaßen über den Winter kommen.

Im Lauf der Jahre hat sich aus der Not dann eine Tugend heraus entwickelt und das Kuhessen ist zum Festmahl geworden, das viele der Hohenloher Gaststätten inzwischen einmal im Jahr wieder auf die Karte setzen.

Sogar auf der legendären Musweise, dem bekanntlich ältesten (und wichtigsten) Jahrmarkt von Hohenlohe wird es angeboten – obwohl die Muswiese doch immer schon im Oktober stattfindet. Aber beim höchsten Fest von Hohenlohe wird man ja wohl mal eine Ausnahme machen dürfen …

Neben dem Fleisch ist die Meerrettichsoße als Beilage am allerwichtigsten. Denn die sollte nicht nur in ausreichender (sprich großer) Menge serviert werden, sondern sie muss auch ganz frisch zubereitet worden sein. A la minute sozusagen. Und auf gar keinen Fall darf der Meerrettich dabei gekocht worden sein, denn sonst haben sich sowohl der Geschmack, als auch seine berühmte Schärfe einfach in Luft aufgelöst. Erfahrene KöchInnen bereiten die »Krensoße« deshalb im Wasserbad zu.

Das beste Fleisch für ein originales Hohenloher Kuhessen ist natürlich Ochsenfleisch. Allerdings ist ein echtes Ochsenfleisch längst zur seltenen Rarität geworden. Umso geschmackvoller fällt jedoch das anschließende Erlebnis für den Gaumen aus – das sich sogar noch steigern lässt, wenn der Ochse zu seinen Lebzeiten ein Limpurger Rind gewesen ist. Dabei handelt es sich um die älteste württembergische Rinderrasse, die einst als Kreuzung zwischen Rotem Landvieh und Allgäuer Vieh nach dem 30-jährigen Krieg entstanden ist. Limpurger, das sind besonders robuste Rinder, deren Fleisch als »bœuf de Hohenlohe« selbst in Paris, der Hauptstadt der Gourmets, bekannt und hochgeschätzt war. Ein echtes »bœuf de Hohenlohe«, das momentan eine erfreuliche Renaissance erlebt, muss aber unbedingt von Ochsen stammen, die im Freiland gehalten worden sind, dort gaaanz langsam heranwachsen – und auf gar keinen Fall mit Soja oder Maissilage gefüttert werden dürfen. Frühestens ab dem 28. Monat werden sie geschlachtet.

Vielen Bauern sind diese Qualitätskriterien zu streng: natürliches Futter, langsames Wachstum, späte Schlachtreife, einige Wochen vor der Schlachtung dann auch noch Getreide zufüttern. Das ist aufwendig. Zumal der Aufwand kaum im Verhältnis zum Mehrerlös steht. Dafür aber zum Geschmack!

Lohnt sich dieser Aufwand wirklich? Und wie! Wer das Original schon einmal probiert hat, wird mir zustimmen.

Also dann: wenn irgendwann im Winter irgendwo in Hohenlohe eine Wirtschaft so ein Hohenloher Kuhessen anbietet: dann nichts wie hin! Einmal im Jahr kann man sich so etwas Gutes schon gönnen. Denn danach kommt bekanntlich das dünne Ende in Gestalt der Fastenzeit.

Agnes Günther (1863–1911)

Agnes Günther

Die Schriftstellerkönigin von Hohenlohe

Wie? Wer? Und vor allem: seit wann … hat Hohenlohe eine Königin? Na ja, hat es natürlich nicht. Zumindest nicht »in echt«. In Hohenlohe geht es adelstechnisch bekanntlich nicht ganz so weit hinauf: da gibt's den niederen Adel, dazu Barone, Grafen und immerhin auch Fürsten, aber kein Königshaus. Obwohl – ganz so weit weg ist die Familie der Fürsten von Hohenlohe-Langenburg von König und Co dann auch wieder nicht entfernt, schließlich ist man (um mancherlei Ecken herum) sogar mit der britischen Queen Elizabeth und ihrem Prinzen Philipp samt Charles und weiteren Nachfolgern verwandt.

Mit solchem Adel und fürstlich-königlichem Geblüt hat die Dame, um die es nun gehen soll, direkt freilich nichts zu tun. Indirekt dagegen umso mehr.

Die Rede ist von Agnes Günther, der ohne jeden Zweifel mit weitem Abstand meistgelesenen Autorin von Hohenlohe. Die Auflage ihres einziges Buches, das sie je geschrieben hat, »Die Heilige und ihr Narr«, geht weit in die Millionen. Und deshalb ist sie, das darf man mit Fug und Recht so sagen, die schriftstellerische Königin von Hohenlohe. Dabei ist sie gar keine Hohenloherin!

Geboren wurde sie am 21. Juli 1863 als Agnes Breuning in Stuttgart. Eine Schwäbin also. Auch das noch! Denn mit welch geringer

Begeisterung die Menschen damals in Hohenlohe (und manchmal auch heute noch) den Leuten aus der Hauptstadt der »schwäbischen Besatzer« ihres schönen Ländchens gegenüber getreten sind, ist ja bekannt. Und ausgerechnet eine Schwäbin schreibt nun das erfolgreichste Buch, das jemals über Hohenlohe erschienen ist. Wie das?

Im Alter von 24 Jahren hatte Agnes den Vikar Rudolf Günther geheiratet, der im Jahr 1891 Dekan von Langenburg geworden ist. Und kaum sind sie ins Langenburger Pfarrhaus eingezogen, da war es schon um Agnes Günther geschehen. Es war Liebe auf den ersten Blick: das wunderschöne, dornröschenartige Residenzstädtchen hoch über der Jagst, zu ihren Füßen das romantische Bächlingen, die Hohenloher Landschaft mit ihren weiten Ebenen, in die sich mit tiefen Schluchten in jahrtausendelanger Arbeit die Flussläufe eingegraben haben, die in versteckten Winkeln platzierten, uralten Burgen, Schlösser und Herrensitze. Agnes Günther war hier vom ersten Tag ihres Aufenthaltes an zuhause. Und als sie nach 15 Jahren Adieu sagen musste, weil sie mit ihrem Mann nach Marburg weiter zog, da hat sie den Abschied von ihrem geliebten Hohenlohe nicht mehr allzu lange überlebt.

Und wie ist jetzt ausgerechnet aus der Frau des Langenburger Dekans diese Bestsellerautorin geworden, die Hohenlohe mit ihrem Buch in ganz Deutschland berühmt gemacht hat?

Das wiederum hängt mit dem Beruf ihres Mannes zusammen, der bei der Beschäftigung mit den alten Pfarrbüchern seines Dekanats irgendwann auf die Geschichte der Frau des Müllers von Hürden gestoßen war, die man der Hexerei bezichtigt hatte. Rudolf Günther wurde neugierig und förderte bald weitere Dokumente ans Tageslicht: die Prozessakten der Verhandlung gegen die angebliche Hexe, die im Langenburger Schlossverlies eingekerkert war, gefoltert, schließlich zum Tod verurteilt und auf dem Scheiterhaufen verbrannt wurde. Agnes Günther war vom tragischen Schicksal dieser angeblichen Hexe, die sie Gisela genannt hat, derart schockiert und gleichzeitig gefesselt, dass sie sich die Geschichte einfach von der Seele schreiben musste. Nicht etwa, um das Geschriebene irgendwann einmal für eine größere Leserschaft zu veröffentlichen, sondern in erster Linie eben aus ganz persönlicher Betroffenheit. Das Drama, das sie verfasst hat, trug den Titel »Die Hexe, die eine Heilige war«.

Einige Zeit später war sie zu Besuch auf der Burg Tierberg bei Braunsbach und hat dort, wie sie später sagte, plötzlich den Geist und die Visionen der Hexe »Gisela« am eigenen Leib verspürt. Mit einem Schlag hatte sie sich in die Seelenlage der Geisterbeschwörerin hinein versetzt. Deren Gedanken, deren Empfindungen, deren ganzes tragisches Leben und Erleben meinte sie, mit einem Mal nun selbst zu durchleben.

Dieses Empfinden lag durchaus im Trend dieser Zeit. In den letzten Jahren des 19. Jahrhunderts war eine regelrechte Modewelle entbrannt. Geistergeschichten und Berichte von Geistererscheinungen waren – wie man heute sagen würde – absolut »in«. Der Okkultismus galt den sogenannten gut bürgerlichen Kreisen als eine der liebsten Freizeitbeschäftigungen. Kein Wunder also, dass sich auch die empfindsame junge Ehefrau des Dekans von Langenburg nur allzu bereitwillig in den Bann dieser spiritistischen Bewegung begeben hat. Letztendlich führte das dazu, das Agnes Günther all ihre Geistererlebnisse zusammen gefasst und niedergeschrieben hat, die eng mit der Geschichte der Hexe »Gisela« zusammen gespannt waren – mitsamt der Landschaft und natürlich auch mit den Menschen und Burgen rund um das Jagsttal.

Entstanden ist dann ein viele hundert Seiten dickes Werk um das Lebensdrama eines wunderschönen Waisenkindes, namens Rosemarie, dem im Buch so genannten »Seelchen« und dem redlich wackeren Grafen Harro. Und wie es sich für ein solches Melodram aus der Zeit der Jahrhundertwende gehört, entpuppt sich das arme Würmchen natürlich als Spross aus edelstem, fürstlich-hohenlohischem Geblüt, dessen Leben und Glück von einer eifersüchtigen Stiefmutter zerstört werden sollte. Die Hauptschauplätze in der Geschichte sind das Schloss Brauneck, Schloss Schweigen und Schloss Thorstein: allesamt Bauwerke, die es unter anderem Namen tatsächlich gibt. Im wirklichen Leben sind sie leicht identifizierbar, denn da heißen sie Schloss Langenburg, Burg Tierberg bei Braunsbach und Burg Morstein über dem Jagsttal. Das hat natürlich den zusätzlichen Reiz eines solchen Buches ausgemacht, dass alle Schauplätze von den Leserinnen und Lesern mit wenig Mühe entdeckt und besucht werden konnten. Ebenso rasch wird den LeserInnen folglich klar, welches Fürstengeschlecht im Buch eine Hauptrolle spielt.

Auf sage und schreibe 150 Auflagen (in Worten einhundertfünfzig) hat es »Die Heilige und ihr Narr« bislang gebracht. In 17 Sprachen ist sie übersetzt worden, zwei Kinofilme sind daraus entstanden (einer im Jahr 1935, der zweite dann 1957). Agnes Günther und vor allem Hohenlohe waren mit einem Schlag berühmt. Eine unbezahlbare Werbung für die hohenlohische Landschaft, die unter anderem auch dank dieses Buches vom Tourismus entdeckt worden ist.

Natürlich ist es für heutige LeserInnen eine ziemlich schwierige Kost, denn es ist in einer Sprache geschrieben, die wir von Hedwig Courths-Mahler, der zweiten Erfolgsautorin jener Zeit, nur allzu gut im Gedächtnis haben. Sätze wie die folgenden über den winterlichen Wald im Jagsttal: »Wie feierliche Kandelaber sind die alten Schirmtannen, die oben auf der freien Höhe stehen, nur dass sie ihren Kerzenschmuck nach unten hängen. Tief bis auf den Boden senken sich ihre Äste unter der schweren Last, die nun ein heimliches Nest bilden, von dem man sich denken möchte, dass darunter irgendein frierendes Häslein oder Reh ein Obdach fände«.

Im selben tiefromantischen Stil, den manche übelwollenden Kritiker als schwärmerisch-sentimentalen Kitsch abgetan haben, geht es auch in den Begegnungen der Hauptpersonen vonstatten: »Aus ihren sanften Augen schaut die zweite Seele, die in ihr wohnt, heraus. Sie schreitet, wie Königinnen schreiten, die die Hoffnung vieler Menschen in ihrem gesegneten Leibe tragen. Und die Drossel jubelt über ihnen. An diesen Abend fragt Harro sie zum ersten Male: »Fürchtest du dich, Seele?«

Sie sieht ihn groß und erstaunt an. »Warum sollte ich denn? Es ging mir ja heute ein leichter Schatten über mein Herz, als ob es vielleicht doch nicht so leicht sein möchte, wenn das neue Leben kommt. Aber es müssen ja alle Menschen durch die gleiche Pforte hindurch, dann wird es doch nicht so schlimm sein. Und du wirst ja bei mir sein, Harro.«

Man kann das mögen oder auch nicht, fairerweise muss man aber sagen, dass inzwischen mehr als einhundert Jahre vergangen sind, in denen sich ja auch der heutige Sprachstil ziemlich verändert hat. Und wie dem auch sei: Tatsache ist und bleibt, dass »Die Heilige und ihr Narr« ganze Generationen von Leserinnen und Lesern in ihren Bann geschlagen und verzaubert hat. Mit einer Auflage, die wie gesagt weit in die Millionen geht.

Tragischerweise hat Agnes Günther den Erfolg ihres Buches gar nicht mehr selbst erleben können. Sie ist nach schwerer Krankheit am 16. Februar 1911 in Marburg gestorben. Erst zwei Jahre nach dem Tod seiner Frau hat der Witwer Rudolf Günther das Manuskript an den Stuttgarter Verlag J.F. Steinkopf geschickt, der es dann verlegt und damit einen der erfolgreichsten deutschen Bestseller des 20. Jahrhunderts auf den Weg gebracht hat, der von unzähligen jungen Mädchen unter bitterlichsten Tränen geradezu verschlungen worden ist.

So ist schließlich aus Agnes Günther die unangefochtene Topautorin von Hohenlohe geworden, die in und um Langenburg unvergessen geblieben ist, auch wenn sie ihren Triumph selbst gar nicht mehr genießen durfte. Allein diese Tatsache wäre ja bereits auch schon wieder so ein Stoff, aus dem die richtigen Dramen geformt sind. Das Leben der Agnes Günther als Roman – eigentlich seltsam, dass es dieses Buch noch nicht gibt. Aber was nicht ist, das kann ja noch werden …

Schaffe, schaffe Häusle baue

Hohenlohe, das Land der Bausparkassen

Preisfrage: Was ist die schwäbischste aller schwäbischen Institutionen? Ganz sicher werden die meisten sagen: »Die Bausparkasse natürlich. Was denn sonst?« Stimmt ja auch!

Dass in Wahrheit jedoch das Land der Häuslesbauer von Hohenlohe aus dominiert wird und dass sich in Hohenlohe sogar die größte deutsche Bausparkasse befindet, wer hätte das gedacht?

Wobei ... schon allein die Sache mit der urschwäbischen Mustereinrichtung stimmt eigentlich nur zum Teil. Richtig ist vielmehr, dass zwar die erste deutsche Bausparkasse tatsächlich im Schwäbischen Wald gegründet worden ist. Genau gesagt in Wüstenrot, gleich oberhalb der Hohenloher Ebene. Aber der Gründer dieser Bausparkasse war gar kein Schwabe, sondern war gebürtig von der Insel Usedom, also hoch im Nordosten von Deutschland. Georg Kropp hieß der im Jahr 1865 geborene Mann und von seinem erlernten Beruf her war eigentlich kaum anzunehmen, dass er jemals etwas mit dem Bankenwesen und dem Häuslesbau zu tun haben sollte. Von Hause aus war Kropp nämlich Drogist, allerdings auch zeitlebens auf anderen Gebieten interessiert und engagiert. Beispielsweise war er zeitweise noch Pharmavertreter, Werbetexter, Herausgeber von erbaulichen Schriften und Kalendern, sowie Mitglied der Guttempler, weshalb er das Trinken von Alkohol strikt ablehnte. Dazu hatte er eine große Freude an der Natur, war Pilz-

Georg Kropp (1865–1943)

kenner und mit zunehmendem Alter auch sozial engagiert. Die Not nach dem Ende des Ersten Weltkriegs hat ihn stark beschäftigt, es musste doch irgendwie möglich sein, für Millionen von Arbeiterfamilien Auswege aus der Misere zu finden. Aus diesem Motiv heraus hat er das Buch »Aus Armut zum Wohlstand« geschrieben, in dem er ausführlich darlegt, wie man als Gemeinschaft etwas bewerkstelligen kann, wenn man sich in der Zielsetzung einig ist –

und vor allen Dingen, wenn man solidarisch zusammenhält. »Alle für einen – einer für alle« sozusagen.

Doch was nützen all die schönen Worte, wenn keine Taten folgen? Getreu seinem Lebensmotto »Taten, nicht Tinte – Werke, nicht Worte« hat er 1924 deshalb im Alter von 59 Jahren an seinem damaligen Wohnort Wüstenrot die »Gemeinschaft der Freunde Wüstenrot« (GdF) gegründet, dazu gab es für Mitglieder die Zeitschrift »Mein Eigenheim«.

Bereits in ihrem Gründungsjahr wurde die »GdF« regelrecht überrannt von Neumitgliedern: 10.000 waren es innerhalb eines Jahres. Im Jahr darauf sind noch einmal 11.000 Bausparer dazu gekommen. Kein Wunder, dass auch die Zahl der Mitarbeiter geradezu explosionsartig angestiegen ist: Mit sechs Leuten hatte Georg Kropp begonnen, vier Jahre später waren es bereits an die 300. Und das alles auf dem Land – mitten im Schwäbischen Wald! Rasch reiften deshalb die ersten Umzugspläne: Wüstenrot erschien den meisten einfach zu klein für eine weitere Expansion. Und so wurde gegen den erbitterten Widerstand von Kropp einige Jahre später der Umzug nach Ludwigsburg beschlossen, wo man ja noch heute residiert. Der Gründer des Unternehmens freilich war darüber dermaßen verstimmt, dass er alle seine Ämter bei der »GdF« niedergelegt hat. Immerhin haben sie damals wenigstens den Namen ihres Gründungsortes beibehalten, der tagtäglich zigtausendfach zitiert an den Geburtsort der ersten deutschen Bausparkasse erinnert. Eine bessere und dazu noch, was die schwäbische Seele natürlich besonders freut, kostenlose Werbung für den kleinen Erholungsort in den Löwensteiner Bergen kann man sich gar nicht vorstellen. Georg Kropp sei es gedankt. Hochbetagt ist der Gründer der »GdF« im Jahr 1943 in Wüstenrot gestorben. In seinem ehemaligen Wohnhaus ist mittlerweile – wer hätte es gedacht? – ein Bausparmuseum eingerichtet worden.

Während die kleine Siedlung hoch über Hohenlohe also die ziemlich zufällige Ehre erfahren durfte, als Geburtsort der allerersten deutschen Bausparkasse in die Häuslesbauergeschichte einzugehen, darf sich eine andere Stadt, nur den berühmten Steinwurf weit entfernt von Wüstenrot, rühmen, mittlerweile als Sitz der allergrößten deutschen Bausparkasse zu fungieren. Wenn nicht sogar … na ja, Sie wissen schon!

Wie auch immer: jedenfalls ist jetzt also Hohenlohe voll im Spiel. Beziehungsweise Schwäbisch Hall. Denn dort hat die Bausparkasse gleichen Namens ihren Sitz. Und hier eine geradezu atemberaubende Erfolgsgeschichte geschrieben. Aber der Reihe nach: Ursprünglich in den Zeiten der schlimmen Wirtschaftskrise des Jahres 1931 in Köln von dortigen Handwerkern als »Deutsche Bausparer AG, Bau-, Spar- und Entschuldungskasse« gegründet, sagt allein schon der Name aus, worum es ging: um dringend benötigte Aufträge und Finanzierungen für die dortigen Handwerker. Die Idee war gut und deshalb ging es auch rasch aufwärts, so rasch, dass man sich bereits drei Jahre später zum Umzug nach Berlin entschloss, weil man zur Finanzierung eng mit der in Berlin ansässigen »Treubau Aktiengesellschaft« zusammen arbeitete. In der Residenz des Geschäftspartners fanden sich praktischerweise geeignete Räume für die Handvoll Mitarbeiter, die es damals noch waren.

Dann aber brach der 2. Weltkrieg aus und 1944 ist das »Treubau«-Haus durch einen Bombenangriff zerstört worden, so dass man sich eine neue Bleibe suchen musste. Die Wahl fiel auf das beschauliche Städtchen Schwäbisch Hall, weit weg von Berlin und anderen Metropolen, auf die sich ja die Luftangriffe der Alliierten konzentrierten. In dem weit ab vom großen Kriegsgeschehen liegenden Kocherstädtchen wähnte man sich einigermaßen sicher, und so sind die 28 Beschäftigten der Bausparkasse von Berlin also nach

Hohenlohe gezogen. In der Stadt hat man sie mit offenen Armen empfangen und sie sind hier tatsächlich von den Folgen des Krieges einigermaßen verschont geblieben, so dass den Verantwortlichen nach Kriegsende der Beschluss nicht sonderlich schwer gefallen ist, doch am besten gleich ganz in Schwäbisch Hall zu bleiben und praktischerweise auch noch den Namen des Gastgebers in den neuen Firmennamen mit einzubauen: »Bausparkasse der deutschen Volksbanken, Aktiengesellschaft, Schwäbisch Hall« hieß es ab 1948. Eine Partnerschaft, die für beide Seiten im wahrsten Sinn des Wortes höchst gewinnbringend und imagefördernd geworden ist. Spätestens als 1962 dann noch der geniale Slogan »Auf diese Steine können sie bauen« das Licht der Welt erblickt hatte, passend zum Logo mit den vier Ziegelsteinen, da waren die Siebenmeilenstiefel schon im Entstehen, mit denen der Bausparfuchs seit 1975 durch die Lande eilt.

So ist das ehedem eher kleine, aber dennoch wohlhabende Salzsiederstädtchen (das ja schon auf eine bedeutende Geschichte zurückblicken konnte, bevor sich im Jahr 1803 mit Napoleons tatkräftiger Hilfe plötzlich die Württemberger Schwäbisch Hall einverleibt haben) längst als beachtliche Stadt weit ins Umland hinaus gewachsen – dies vor allem dank der Bausparkasse mit ihren inzwischen mehr als 3.000 Mitarbeitern allein am Kocher – weltweit sind es sogar beinahe 14.000 Beschäftigte, die von Schwäbisch Hall aus betreut werden und die momentan gerade in China kräftig am expandieren und am Häuslesbausparverträge vermitteln sind.

Ganz nebenbei sind die Schwäbisch Haller im Lauf der Jahre sogar zur größten deutschen Bausparkasse aufgestiegen, mit sage und schreibe 7,3 Millionen Kunden, die im Jahr 2017 für eine Bilanzsumme von 68 Milliarden Euro gesorgt haben. Und das selbst in Zeiten des Niedrigsparzinses! Zahlen, bei denen einem beinahe schwindelig werden kann – obwohl… seit einiger Zeit geht es ja offenbar grundsätzlich überall gleich in den Euro-Milliardenbereich. Peanuts und Co eben.

Bausparwunder Schwäbisch Hall: wahrscheinlich hat sich nur hier, an der Nahtstelle zwischen dem Schwäbischen Wald und dem seit 200 Jahren schwäbisch »besetzten« Hohenlohe diese eine einmalige Erfolgsgeschichte entwickeln können. Das erstaunliche daran ist, dass die hohenlohischen Neu-Württemberger den Altwürttembergern damit tatsächlich gezeigt haben, wo der Barthel den Most holt, denn immerhin haben sie ja sämtliche schwäbische Konkurrenten (und davon gibt es schon noch einige) ausgerechnet in der schwäbischsten aller schwäbischen Tugenden weit überholt. Womit sich also ausgerechnet Hohenlohe auch noch als die Heimat und das Epizentrum aller Bausparkassen rühmen lassen darf.

Auf der Suche nach der Tauberquelle

Das liebliche Taubertal. Es begrenzt die Hohenloher »Ebene« in ihrem Norden. Die Tauber: Ein Name – ein Begriff. Rothenburg ob der Tauber sowieso. Und diese wunderschöne Ansicht, wie das Rothenburger Burgareal so schön und majestätisch über dem Flüsschen thront, die kennen ja auch fast alle. Mit anderen Worten: das weltberühmte Rothenburg ohne seine Tauber: undenkbar! Aber Hand aufs Herz: wer von Ihnen war schon mal an der Tauberquelle? Tja …

Also wäre es vielleicht mal an der Zeit, dem Ursprungsort der Tauber einen Besuch abzustatten. Fragt sich nur, wo dieser eigentlich zu finden ist. Eher diesseits oder doch vielmehr jenseits der bayrisch-württembergischen Landesgrenze? Das ist gar nicht so einfach zu beantworten, wie es aufs erste Hinhören klingt. Denn sowohl im auf bayrischem Gebiet liegenden, fränkischen Wettringen, als auch im benachbarten hohenlohisch-württembergischen Weikersholz (das zur Gemeinde Rot am See gehört) gibt es eine Tauberquelle. Aber welche ist es nun tatsächlich?

Beide Orte verweisen mit einer gewissen Berechtigung darauf, dass nur ihre Quelle die »wahre« Quelle ist. Es ist ja schon irgendwie seltsam, dass es um den Ursprung von Flüssen fast immer so einen Streit gibt. Das scheint beinahe unausweichlich zu sein. Zumindest wenn es sich um einigermaßen bedeutende Flüsse handelt. Und wer wollte das im Falle der Tauber wohl bestreiten? Folglich ist es an der Tauber kein Haar anders, als beispielsweise bei der Altmühl, wo sich ja sogar gleich drei Standorte um die Ehre streiten, die

Die echte Tauberquelle bei Weikersholz

»richtige« Quelle zu besitzen (der Abfluss aus dem Hornauer Weiher, der Hirschteich bei Burgbernheim und die Quelle bei der Siedlung Erlach). Oder denken wir nur an die Sache mit der Donauquelle, bei der am Ende gar der baden-württembergische Landtag einer jahrhundertelangen Diskussion ein Ende setzen musste, in dem er (übrigens grottenfalsch!) entschieden hat, dass der Zusammenfluss von Brigach und Breg beim Schlosspark von Donaueschingen als Donauquelle anzusehen sei. Punktum.

Wo andererseits doch jedes Kind bereits seit seiner Schulzeit weiß (oder zumindest wissen sollte), dass die Quelle des längsten Zuflusses gleichzeitig als Ursprung des gesamten Flusses zu gelten hat. Das wurde einst beim Nil so festgelegt und seitdem ist die Quelle des weißen Nil logischerweise die Quelle des gesamten Stromes. Es ist eine weltweit anerkannte Regelung, die folglich nicht nur in Afrika, beim zweitlängsten Fluss der Erde, angewandt wird, sondern überall. Also auch in Hohenlohe und Franken. Denn was am Nil gilt ... das müsste doch eigentlich genauso bei der romantischen, immerhin stolze 130 Kilometer langen Tauber gelten können. Sollte man meinen ...

Im Jahr 1976 wurde folglich amtlicherseits festgelegt, dass der Klingenbrunnen bei Weikersholz als die offizielle Tauberquelle zu bezeichnen ist. In 440 Metern Meereshöhe, an einem wahrhaft idyllischen Fleckchen Erde, sprudelt hier eine winzige Quelle aus dem Muschelkalk heraus ans Licht der Welt. Es ist – zugegeben – ein ziemlich mageres Brünnlein, das es gerade mal auf eine durchschnittliche Schüttung von einem Liter pro Sekunde bringt und deshalb mit seinen schwachen Kräften auch nur so gerade eben noch in der Lage ist, ein schmales Rinnsal zu speisen, das sich ganz klein und bescheiden durch die Hohenloher Landschaft schlängelt, bis es schon nach einem halben Kilometer Strecke bei Michelbach an der Lücke die Landesgrenze passiert. Diese Grenze dort setzt als politische Trennungslinie übrigens eine uralte Tradition fort, denn hier befand sich einst auch die Außengrenze des ehemaligen Rothenburger Staatsgebiets, der Landhege. Nach dem gewaltsamen Ende der Reichsstadtherrlichkeit Anfang des 19. Jahrhunderts wurde auf Napoleons Geheiß (immer wieder dieser Bonaparte!) hin festgelegt, dass das Land westlich der Landhege an Württemberg zu gehen habe, während die östlich der Grenze siedelnden Franken zu ihrem nicht minder großen Schrecken dem neu entstandenen Königreich Bayern zugeschlagen wurden.

Aus den Verfehlungen der Geschichte noch einmal zurück an die lauschige Tauberquelle: In manchen trocken-heißen Sommern versiegt das Brünnlein in Weikersholz leider völlig, so dass man sich gar nicht genug darüber wundern kann, woher denn dann die benachbarten Tauberseen eigentlich ihr Wasser beziehen, in die das kärgliche Rinnsal mündet. Die Frage beantwortet sich im Grunde genommen von ganz alleine, denn die gesamte Landschaft ist reich an Wasser und an Quellen. Wenn man bedenkt, dass gar nicht weit entfernt die Wörnitz, die Altmühl, und die Rezat ihren Ursprung haben und dass unweit davon sogar auch noch die Jagst der Tauber bis auf sieben Kilometer auf den Pelz rückt, dann spricht das Bände. Genauso im Hinblick auf die zweite Tauberquelle, die in Wettringen. Denn auch diese darf sich mit einem gewissen Recht als Ursprung der Tauber bezeichnen lassen, denn wie gesagt, die Quelle in Hohenlohe versagt manchmal ihren Dienst – und friert, weil sie so wenig Wasser führt, in manchen kalten Wintern auch noch ein! Das darf einer richtigen Quelle aber eigentlich nicht passieren – und deswegen ist es durchaus nicht ganz und gar daneben, wenn man in Wettringen stolz auf seine Tauberquelle ist. Denn die ist bisher nie versiegt – und auch noch niemals eingefroren.

Während die vorher erwähnten benachbarten fränkischen Flüsse Wörnitz, Altmühl und Rezat über die Donau ins Schwarze Meer münden, nimmt die Tauber dagegen ihren Weg nach Norden, über den Main und den Rhein bis in die Nordsee. Wie bei ihrer Quelle befindet sich übrigens auch die Mündung wieder hart an einer Grenze, denn unmittelbar hinter Wertheim fließt die Tauber in den Main und bildet mit ihm fortan die Grenze zwischen Bayern und Baden-Württemberg. Wie gesagt: nur rein politisch gesehen, denn landsmannschaftlich betrachtet befindet man sich »hüben« wie »drüben« ja trotzdem im fränkischen Siedlungsgebiet.

Woher die Tauber ihren Namen hat? Tja … Auch nicht ganz so einfach zu beantworten. Im Grunde genommen gibt es dafür zwei Erklärungsversuche, die beide mit dem rätselhaften Volk der Kelten zu tun haben, deren uraltes Siedlungsland die Landschaft an der Tauber nachweisbar gewesen ist. Denken wir nur an Finsterlohr in der Nähe von Creglingen, eine der vermutlich größten keltischen Siedlungen nördlich der Alpen. Der Name könnte also von »dubra« stammen, was soviel bedeuten soll wie »dunkles Wasser«. Oder aber von »dubron«, das meint »schnell fliessendes Wasser«. Na ja … Auf die Tauber bezogen stimmt beides nur bedingt. Dass die Tauber ihren Namen von den Kelten hat, das mag schon sein, dafür spricht sogar einiges. Ob wir uns aber allzu sehr auf das Glatteis einer möglichen Übersetzung aus dem keltischen begeben sollten, steht auf einem ganz anderen Blatt. Denn wie die Kelten hierzulande tatsächlich gesprochen haben, das wissen wir schlichtweg nicht – und schriftliche Zeugnisse haben sie uns gleich gar keine hinterlassen. Tatsache ist und bleibt dagegen, dass die Tauber eine wichtige Lebensader ist und dies auch schon zu Zeiten der Kelten war.

Nicht zu vergessen wäre noch die »Schandtauber«, die sich mit ihrem wildromantischen Tal auf kurzer Strecke von Gammesfeld her kommend tief in den Hohenloher Muschelkalk hinein schneidet. Das unterirdische Höhlensystem, das sie dabei im Lauf der Jahrtausende geschaffen hat, gilt als die größte Muschelkalkhöhle von ganz Süddeutschland. Und nicht nur das: die nur 13 Kilometer lange Schandtauber (der Name kommt übrigens nicht von Schande, sondern soll »kurze Tauber« bedeuten) ist überdies einer der letzten natürlichen Wildbäche von ganz Süddeutschland, der dann am Rothenburger Wildbad in seine größere Schwester, die Tauber, mündet. So, wie viele andere Zuflüsse auch: Sage und schreibe 91 Bäche und Flüsschen schicken nämlich ihr Wasser in die Tauber – und das auf »nur« 130 Kilometern Länge. Das ist schon wieder rekordverdächtig.

Kein Wunder, dass der Flussname Tauber für zahlreiche Begriffe Pate gestanden hat. Ob es nun der Landstrich als solcher ist, also das Taubertal, oder gar die ganze Region Tauberfranken. Nicht zu vergessen auch die uralte, in jüngster Zeit zum guten Glück wiederbelebte Rebsorte »Tauberschwarz«. Und erst recht natürlich die Zusatzbezeichnung, dank der die schönste aller deutschen Städte weltweit zum unverwechselbaren Begriff geworden ist: Rothenburg *ob der Tauber.*

Bewahren – entwickeln – weitergeben

Der Biopionier Walter Schuch

»Aber um halb eins müssen wir fertig sein. Denn da isch bei uns Mittagessen.« Eine glasklare Ansage auf meine Frage, ob ich zu einem Gespräch vorbeikommen könne, die genauso ehrlich und deutlich daher kommt, wie der Mann selber: Walter Schuch, der Biopionier aus dem winzigen Örtchen Zell bei Schrozberg.

Walter Schuch ist ein echter Mann der ersten Stunde. Schon kurze Zeit nachdem er den elterlichen Bauernhof übernommen hatte, den eigentlich sein älterer Bruder bewirtschaften sollte, der dann aber lieber Entwicklungshelfer geworden ist, hat er gemerkt, dass es mit dem Hof auf Dauer so nicht mehr weitergehen konnte, wenn er als Bauer eine Zukunft haben wollte. Sich immer weiter von der Natur entfernen, immer schwerere und teurere Geräte kaufen, immer mehr und stärkere Spritz- und Düngemittel einsetzen, um etwas ernten zu können, für das es dann immer weniger Geld gab: nein, so konnte die bäuerliche Zukunft nicht aussehen, die sich Walter Schuch vorgestellt hatte.

Und deshalb hat er bereits Mitte der 80er Jahre einen radikalen Schwenk vollführt und seinen Hof auf Biolandbau umgestellt. Mal mitleidig, mal kopfschüttelnd belächelt und hinter vorgehaltener Hand verspottet von seinen Kollegen, die sich lieber weiterhin – wenngleich mit den Jahren mehr und mehr zähneknirschend – von ihren Wurzeln entfernt haben. Das hat Walter Schuch jedoch nicht irritiert, sondern im Gegenteil erst recht angespornt, den eingeschlagenen Weg konsequent weiter zu beschreiten. Und das hat bedeutet: ganz klein auf dem eigenen Hof beginnen und eine nachhaltige Landwirtschaft einrichten. Denn gerade die kleinräumige Kulturlandschaft mit ihrer artenreichen Vielfalt ist es ja, die gesunde Lebensmittel, frei von Spritz- und chemischen Düngemitteln, erst möglich macht. Eine durchdachte Fruchtfolge, eine natürliche Bodenbehandlung, die einen humusreichen Boden fördert, das musste das Ziel sein. Um dann Dinkel, Weizen, Roggen, Emmer, Leinsamen, Saatgut und Leguminosen durchgehend in Bioqualität zu erzeugen.

Aber dieses Ziel zu erreichen, das war zunächst gar nicht so einfach, wie es sich anhört, »wir mussten nämlich erst wieder lernen, im Einklang mit der Natur zu leben und zu wirtschaften«, denn das Wissen darum war fast schon verloren gegangen. Die Hohenloher Biopioniere mussten also Schritt für Schritt die bäuerliche Landwirtschaft neu begreifen. Und als sie endlich soweit waren, da kam das nächste Problem auf sie zu: Bioprodukte zu produzieren, das ist das eine – aber Abnehmer für seine Waren zu finden, das ist dann nochmal eine ganz andere Herausforderung. Denn der Biolandwirt braucht ja seine ganz speziellen Abnehmer und faire Preise genauso, wie der Biobäcker eine Garantie haben muss, kontinuierlich die benötigten Mengen an qualitativ hochwertigem Getreide auch tatsächlich geliefert zu bekommen. Es musste also eine Schnittstelle zwischen der biologischen Landwirtschaft und handwerklich produzierenden Bäckereien her.

Weshalb Walter Schuch nun genauso zwangsläufig wie konsequent seinen nächsten Schritt getan hat: den Aufbau einer Erzeugergemeinschaft. Denn wenn jeder weiter einfach so für sich vor sich hinwursteln würde, dann könnte es mit dem Biolandbau niemals etwas werden, das hat er rasch begriffen. Für eine professionelle

Walter Schuch

Biolandwirtschaft in Hohenlohe fehlte es an Geld, know how, Lagerkapazität und Organisationsstruktur. Es gab also nur einen Weg, der von der Überzeugung »Nur gemeinsam können wir stark sein« geprägt war. Folglich hat Walter Schuch im Jahr 1989 zusammen mit acht Bäuerinnen und Bauern die »Organisch-Biologische-Erzeugergemeinschaft« OBEG gegründet, mit Lager, Getreidereinigungsanlage und Mühle – alles abgestimmt auf die Anforderungen, die ein anspruchsvoller biologischer Landbau eben so mit sich bringt.

Mittlerweile hat die aus kleinsten Anfängen entstandene »OBEG« (die trotz ihrer zufälligen Namensähnlichkeit natürlich in keinster Weise mit der deutlich weniger nachhaltig wirtschaftenden, Erdöl-fördernden OPEC zu verwechseln ist!) stolze 170 Mitglieder, die Höfe in Nordwürttemberg, Nordbaden, Unter- und Mittelfranken bewirtschaften. In der Erntezeit kann die OBEG mit ihren gerade einmal 25 Mitarbeitern ein Volumen bis zu 5.500 Tonnen Getreide in den Silos und Hallen einlagern und vor allen Dingen: es ist gewährleistet, dass die Mitglieder auch für die nächste Aussaat wieder die von ihnen benötigten Mengen von Biosaatgut in allerbester Qualität erhalten.

»Hierher verirrt sich kein konventionelles Korn – hier ist alles Bio!« Dank dem Grundsatz, alles aus einer Hand zu erfassen, zu lagern und zu vermarkten, unter strenger Eigenkontrolle von Walter Schuch und seinen Kolleginnen und Kollegen, ist ein Erfolgsrezept entstanden, das zuverlässig dafür gesorgt hat, dass schon lange keiner der konventionellen »Kollegen« die »Biospinner von der OBEG« mehr spöttisch belächelt. Längst gilt Schuchs Wort etwas bei den Bauern in Hohenlohe.

Hochwillkommener Nebeneffekt der Größenordnung, in der die genossenschaftlich organisierte »OBEG« inzwischen vorgestoßen ist: sie kann ihren Biobauern sogar »einen Schutz vor den Launen des Weltmarkts und damit ein Mindestmaß an Absatz- und Preissicherheit garantieren. Das ist die Basis für jede nachhaltige Landwirtschaft«. Und darauf ist Walter Schuch besonders stolz, dieses anspruchsvolle Ziel erreicht zu haben.

Alles paletti also? Grund genug, sich jetzt zufrieden zurückzulehnen und den Herrgott einen lieben Mann sein zu lassen? Leider nein! »Ganz im Gegenteil sogar«, schüttelt Walter Schuch ernst seinen Kopf und beschreibt mit dem Arm einen weiten Bogen über die sanft gewellte Landschaft rund um Zell. »Der Klimawandel, die fortschreitende Umweltzerstörung, die ganze Plastikproblematik: das alles macht mir große Sorgen. Welche Welt hinterlassen wir denn unseren Kindern und unseren Enkeln? Und weshalb reden sie in der Politik alle nur und kurieren mal hier, mal da, bloß an den Symptomen herum?! Es kann einfach so nicht weitergehen. Wir müssen mehr tun, viel, viel mehr: nicht für uns, sondern wie gesagt für unsere Kinder und für deren Kinder. Das ist unsere Pflicht und Schuldigkeit. Es ist die Verantwortung von uns Älteren. Nachhaltigkeit! Wer, wenn nicht wir kann das denn leisten? Wir dürfen die junge Generation nicht alleine lassen, sondern wir müssen ihnen Mut machen zum Handeln. Und dabei müssen wir jetzt engagiert mithelfen, anstatt mitleidig zu lächeln, passiv an der Seite zu stehen und ihnen womöglich noch Knüppel in den Weg zu schmeißen, wenn sich junge Menschen, wie dieses mutige Mädchen Greta Thunberg, für ein radikales Umsteuern einsetzen. Wir müssen ihnen helfen und uns vernetzen. Da muss ganz schnell etwas geschehen!«

Walter Schuch, der Biopionier aus Hohenlohe, ist sich sicher: ihm werden die Aufgaben so schnell nicht ausgehen. Leider – oder vielleicht ja auch zum Glück.

Jako-Chef Rudi Sprügel

»WE ARE TEAM«

Rudi Sprügel und die Jako-Erfolgsgeschichte

Schon die Erwähnung des Namens Gottlob Haag hat ausgereicht: sofort hatten wir eine wundervolle Basis für unser Gespräch. Denn kaum dass ich erwähnt hatte, dass Gottlob Haag so etwas wie ein väterlicher Freund für mich gewesen sei, da huschte ein Lächeln über die Miene von Rudi Sprügel. »Ja, der Gottlob Haag. Der hat ja auch viele Theaterstücke geschrieben, die unsere Theatergruppe in Hollenbach dann aufgeführt hat.«
»Genau. Das hat er mir öfter erzählt, wie klasse das in Hollenbach immer gewesen sei – auch wenn manchmal die Wogen hochgegangen sind, weil er ganz schön deftig formuliert hat. Zum Beispiel beim Götz von Berlichingen.«
»Den hat damals mein Onkel gespielt.«
»Ihr Onkel?! War der Friseur von Beruf?«
»Genau!«
»Da war ja ziemlich Feuer unterm Dach. Der Gottlob hat gemeint, sein Hauptdarsteller habe ihm damals gesagt, man müsse unbedingt ein paar Zitate entschärfen, sonst würde sich seine Frau von ihm scheiden lassen!«

Wie gesagt: schon hatten wir einen gemeinsamen Nenner, denn der Name Gottlob Haag ist immer noch ein Türöffner in Hohenlohe. Selbst in einem derart topmodernen Unternehmen wie dem Sportbekleidungshersteller Jako AG in Hollenbach. Das heißt, eigentlich ist das kein Wunder, denn bei Jako ist man, trotz aller sagenhaften Geschäftserfolge, immer bodenständig geblieben. Und das liegt am Chef persönlich, an Rudi Sprügel.

Allein schon der Name der Firma lässt einem echten Hohenloher ja das Herz aufgehen: Jako. Die Abkürzung steht nämlich für Jagst und Kocher. Denn genau zwischen diesen beiden Flüssen hat Rudi Sprügel im Jahr 1989 seine Firma gegründet. Genauer gesagt: in einer Garage in Stachenhausen. Und seitdem ist sie ununterbrochen gewachsen. Jahr für Jahr.

Und das, obwohl die Firmenzentrale doch »mitten in der Pampa« angesiedelt ist. Im »tiefsten« Hohenlohe. Kilometerweit entfernt von der Autobahn. Von der nächsten Metropole ganz zu schweigen. Eine Autostunde von Heilbronn (falls man denn Heilbronn als Metropole bezeichnen möchte). Landauf – landab gibt es viele Firmen, die eine solche Lage, weitab von den großen Verkehrswegen, als Hauptgrund dafür ins Feld führen, weshalb ein weiteres Wachstum kaum noch möglich sei. Stellt sich also die Frage, wie lange so ein Unternehmen, das ja mittlerweile auf den Sportplätzen in ganz Europa bekannt ist, sich so ein Hauptquartier in der Pampa noch leisten will – beziehungsweise kann.

Glasklare Antwort von Rudi Sprügel, der zusammen mit acht weiteren Geschwistern in Hohenlohe aufgewachsen ist: »In der Pampa isch es schee!« Also nix da mit Verlagerung. Ganz im Gegenteil sogar. »Wir profitieren vielmehr von unserer Lage hier mitten in Hohenlohe. Von den Menschen und ihrer Mentalität. Hier ist vieles noch normaler, als in den Metropolen. Man kennt sich, man identifiziert sich mit der Firma, man schafft miteinander und man weiß genau, was man aneinander hat.« Das ist ganz sicher auch einer der Gründe für dieses ganze Hohenloher Jobwunder. Wenn man daran zurück denkt, wie es noch vor wenigen Jahrzehnten hier gewesen ist! Arbeitsplätze? Fehlanzeige! Die vielen jungen Leute, die von der Landwirtschaft nicht mehr leben konnten, mussten schweren Herzens ihre Koffer packen und gehen. Und heute? Allein das Beispiel Hollenbach sagt alles, denn dort gibt es inzwischen weitaus mehr Arbeitsplätze (nämlich 700) als Einwohner (grade mal 500). Und diese Arbeitsplätze finden sich bei »ebm-papst« (450) und eben bei »Jako« (250). Längst hat sich also die Situation gedreht – und zwar um genau 180 Grad. Während man damals die Arbeitsplätze mit der Lupe suchen musste, braucht man heutzutage fast schon ein Lasso, um überhaupt noch Leute für einen Job einfangen zu können. Längst herrscht in Hohenlohe Vollbeschäftigung: Mehr offene Stellen, als Bewerber. Wer hätte das vor wenigen Jahren jemals für möglich gehalten?!

Rudi Sprügel jedenfalls nicht. Noch immer schaut er genauso staunend auf sein Unternehmen wie auf dessen märchenhafte Wachstumszahlen. »Wenn mir das jemand vor 30 Jahren prophezeit hätte, dass ich einmal da angelangt bin, wo ich mit der Firma heute stehe … das hätte ich nie und nimmer geglaubt.« Doch es ist genau so gekommen – und der Weg ist noch lange nicht zu Ende. Nach wie vor geht es mit dem Umsatz steil bergauf.

Wie das möglich war? Rudi Sprügel lächelt. »Da war schon auch Glück im Spiel. Zunächst einmal eine gute Idee, dazu viel Arbeit und eben die Tatsache, dass ich diese Idee genau zum richtigen Zeitpunkt gehabt habe. Nämlich exakt in dem Jahr, als die Mauer gefallen ist und sich über Nacht ein völlig neuer Markt aufgetan hat.«

Rückblende: Der im April 1957 geborene Sprügel, der zunächst eine Lehre als Industriekaufmann beim d-c-fix Hersteller Hornschuch in Weißbach absolviert hat, war schon in der Jugend ein sehr guter

Fußballer, so dass er es in seiner Karriere von Hollenbach bis zu den Würzburger Kickers geschafft hat, die zu jener Zeit in der 2. Bundesliga gespielt haben (aber dann im darauf folgenden Jahr wieder abgestiegen sind). Sein damaliger Trainer war gleichzeitig Inhaber eines Sportgeschäfts in Tauberrettersheim, dort hat Sprügel einen Job bekommen und den Laden dann zehn Jahre lang geführt. Nebenher hat er noch höherklassig beim FV Lauda gekickt.

»Es war aber klar, dass irgendwann die Söhne des Inhabers das Geschäft übernehmen würden, deshalb bin ich zurück nach Hohenlohe gegangen und habe in einer Garage in Stachenhausen ein Geschäft aufgemacht, mit dem ich möglichst alle Fußballvereine zwischen Jagst und Kocher (deshalb Jako!) mit Sportkleidung ausstatten wollte.« Schon während seiner Zeit in Tauberrettersheim war ihm nämlich aufgefallen, dass die großen Marken ziemliche Lieferprobleme hatten – vom mangelnden Service für kleinere Sportvereine ganz zu schweigen. Und damit ist allmählich diese Idee gereift, es doch einmal selber zu versuchen. Natürlich ist ihm dabei seine Fußballerkarriere zu Hilfe gekommen – er hat nun wieder in Hollenbach Fußball gespielt (teilweise als Spielertrainer sogar) – und in dieser Zeit aus eigenem Erleben mitbekommen, wo der Schuh drückte, beziehungsweise, wo genau die Lücke war, die er mit seiner neuen Firma ausfüllen wollte. Das Signet – passend zum Markennamen – war schnell entwickelt: zwei Linien, stellvertretend für Jagst und Kocher, die ein Stadion symbolisieren sollten, mittendrin der Name Jako. Herrlich! Es war der Anfang eines Märchens!

Von Beginn an war klar: man wollte ein Ausstatter für ganze Mannschaften sein, weniger für Einzelsportler, und zunächst im Bereich Fußball aktiv werden, wo sich Sprügel ja bestens auskannte, danach würde man im Fall des Falles weiter sehen. Aber woher die Ware beziehen? An diesem entscheidenden Punkt kam ihm – ebenfalls zum richtigen Zeitpunkt – ein glücklicher Umstand zu Hilfe: »Ich habe auf einer Sportartikelmesse einen Handelsvertreter aus Taiwan wiedergetroffen, mit dem ich schon in Tauberrettersheim gut zusammen gearbeitet hatte. Der wollte sich von mir verabschieden, denn er werde sich nun mit einer eigenen Firma selbständig machen und Sportbekleidung produzieren. Das trifft sich gut, habe ich geantwortet. Ich mache mich nämlich grade auch selbständig und suche noch einen verlässlichen Produzenten.« Damit war der Deal perfekt: zum beiderseitigen Nutzen. In den ersten 17 Jahren seines Bestehens hat Jako seine Waren ausschließlich von diesem Hersteller bezogen, bis zum Tod des dortigen Chefs. Seither lassen die Hohenloher in ganz Südostasien produzieren, genau wie alle anderen auch: ob Adidas, Puma, Nike und Co. Anders geht es schon längst nicht mehr, wenn man konkurrenzfähig bleiben will.

Und was wird dann eigentlich bei Jako in Hohenlohe überhaupt selber gemacht? Hergestellt wird hier kein einziges Teil, sondern in Hollenbach wird designt, entworfen, die Stoffe ausgesucht, Muster getestet, geordert, kommissioniert, verpackt, versendet und hier ist natürlich auch – ganz wichtig – das Marketing zuhause.

Natürlich gibt es für »die Kleinen« immer eine Nische. Logisch. Denn bevor sich so ein großer Tanker wie Adidas überhaupt von der Stelle bewegt und dabei auch noch die Interessen der Provinzsportvereine bedienen soll, ist der kleine Hersteller bei seinen Kunden schon längst angekommen. Wie beim Wettrennen zwischen Hase und Igel halt.

Doch mehr als eine – noch nicht mal sonderlich lästige – Laus im Pelz kann man damit nicht werden. Da muss schon noch ein bisschen mehr passieren, um zu einem der führenden Hersteller von Teamsportbekleidung in Deutschland zu werden. Wie um alles in der Welt also schafft es ein Hersteller aus der »Hohenloher Pampa«, plötzlich mit seinem Logo in den Stadien und auf den Fernsehschirmen in ganz Europa aufzutauchen und vor allem: mit seinem Logo plötzlich zum festen Begriff jedes Sportfans zu werden? Auch das hat wieder einmal etwas mit dem Unterschied zwischen Groß und Klein zu tun. Denn während sich die ganz großen, seit Jahrzehnten etablierten Marken immer eindeutiger dahingehend positionieren, dass sie sich nur noch für die Nummer 1 und die Nummer 2 der jeweiligen Sportliga interessieren (das sind dann Vereine, in die sie Unsummen hineinsponsern, wenn sie deren Trikots mit ihrem Logo bepflastern), tun sich bei den »underdogs« dieser Ligen damit umso größere Lücken auf. Und so war plötzlich der SC Freiburg, dem ein Sponsor abhanden gekommen war, der erste Fußball-Bundesligist, auf dessen Trikots das Kocher-Jagst-Logo von Jako abgebildet war. Und das gerade mal zehn Jahre nach Gründung der Firma!

Dass der SC Freiburg dann auch noch ein sehr spezieller Verein mit einer ganz besonderen Grundausrichtung ist, dem die Sympathien zahlreicher Fußballfans bundesweit schon seit vielen Jahren entgegenfliegen, war natürlich ein willkommener Nebeneffekt, den man gerne mitgenommen hat. Denn mit dem SC Freiburg verbinden die Fans ja genau das, was Jako auch in seiner Firmenphilosophie verankert hat: ein echter Teamplayer zu sein. Sympathisch, ehrlich, gradeheraus. Das Fundament, aus dem sich inzwischen auch der Jako-Wahlspruch ableitet: »WE ARE TEAM!« Ein Bekenntnis, das natürlich auch im Werbeprospekt groß geschrieben wird.

Als dann eines Tages, es war der 10. Dezember, bei Jako wieder einmal das Telefon klingelte und ein nicht ganz unbekannter Vereinsmanager der Firma aus Hollenbach eine Sponsoringpartnerschaft angeboten hat, da war Rudi Sprügel sofort klar: »Hier wird nicht lange gefackelt. Wenn irgend möglich, dann machen wir das!« Wohl wissend, dass mit Sicherheit auch noch andere Sportartikelausstatter aufgefordert waren, ein Angebot abzugeben. Folglich war die Sache leichter gesagt, als getan. Denn der Verein, der da angefragt hatte, war immerhin Bayer Leverkusen. Ein Championsleague-Teilnehmer! »Wenn wir das schaffen würden…«, dachte sich Rudi Sprügel und machte sich ans Werk, um direkt mit Leverkusens Manager und Fußballidol Rudi Völler in die Verhandlungen einzusteigen. Wobei es sich als absoluter Vorteil erwies, dass dabei zwei altgediente Fußballer zusammen kamen: der einstige Nationalspieler Völler und Sprügel, der ja immerhin in der 2. Liga auf dem Platz aktiv gewesen war. »Wir haben uns sofort verstanden und genau dieselbe Sprache gesprochen. Am 24. Dezember, vormittags, war der Deal dann perfekt!« Und Leverkusen lief ab der Saison 2016 folglich in Jako-Trikots auf. Sogar in der Championsleague!

Das war natürlich eine mittlere Sensation und hat die internationale Bekanntheit der Firma mit dem Logo »zwischen Jagst und Kocher« dementsprechend befördert. Was wiederum bedeutete, dass jetzt der nächste Schritt getan werden konnte: eine allmähliche Expansion in die Länder rund um Deutschland, also Frankreich, Belgien, Holland, Schweiz, Österreich. Ein Schritt nach dem anderen. Damit wird aller Voraussicht nach aber noch lange nicht Schluss sein, weitere Länder werden ganz sicher folgen…und auch das Sortiment, das im Jahr 2019 aus gut und gerne 300 Artikeln in 30.000 Varianten besteht, wird beständig weiter wachsen. Längst ist man bei Jako ja auch über den Fußball hinaus aktiv geworden: Tennis, Handball, Basketball Radsport und und und… kein Ende in Sicht. Womit die einstige »Laus aus der Pampa« nun also höchst erfolgreich im Konzert der international bekannten großen Marken angekommen ist. Und im Sportkonzert mit ihrer Flexibilität weiterhin munter die Szene aufmischen wird.

Man kommt aus dem Staunen gar nicht mehr heraus, wenn man die Firmenräume in Hollenbach betritt, die in den zurückliegenden drei Jahrzehnten des stürmischen Wachstums permanent umgebaut, angebaut und vergrößert werden mussten und mittlerweile von einem topmodernen Neubau gekrönt werden: alles ist hell, freundlich, geradezu beispielhaft geplant und baulich umgesetzt worden. Bereits auf das erste Hinsehen wird deutlich, dass bei diesem Gebäude die Firmenphilosophie von Jako auch den Bauplan bestimmt hat: »WE ARE TEAM«. Alles ist auf maximale Kommunikation angelegt: kurze Wege, Transparenz, klare Linie. Selbstredend, dass man sich auch bei der Namensgebung für die Besprechungsräume glasklar am Teamsport orientiert hat: Westkurve, Ostkurve, etc. Einmal rundherum – ganz wie im Stadion. Und nicht zuletzt deshalb gibt es als Krönung im Obergeschoss noch den großen Begegnungsraum mit der Jahreszahl 1989, dem Gründungsjahr, an dessen einer Wand sogar ein Garagentor eingebaut ist. Ein Garagentor im Obergeschoss? Natürlich! Warum auch nicht? Denn es ist jenes Garagentor aus Stachenhausen, hinter dem Rudi Sprügel damals seine ersten Verkäufe gestartet hat.

Wie ist das dann eigentlich, bei so einem rasanten Wachstum und immerhin 250 Mitarbeitern, die einen Umsatz von inzwischen deutlich mehr als 100 Millionen Euro erwirtschaften? Gibt es da beispielsweise einen Betriebsrat?

»Einen Betriebsrat?!« Ein verschmitztes Lächeln huscht über Rudi Sprügels Miene. Dann deutet er mit dem Zeigefinger auf sich. »Der Betriebsrat, das bin ich!« Man brauche bei Jako keinen Betriebsrat, sagt er. »Denn jede und jeder, die etwas auf dem Herzen haben, kann damit zum jeweiligen Teamleiter gehen und seinen Kummer loswerden. Und wenns dann immer noch nicht passt, dann können sie auch gern direkt zu mir kommen und wir besprechen das dann. Ich möchte, dass wir uns als große Gemeinschaft sehen, die gut, fair und partnerschaftlich miteinander umgeht. Der direkte Weg ist dabei immer der beste Weg. Das passt ja auch zur Hohenloher Mentalität – und zu einem Familienunternehmen, wie wir es sind.« Familienunternehmen … auch so ein Stichwort. Der Chef und Unternehmensgründer ist Jahrgang 1957. Da wird dann irgendwann einmal die Frage nach der Zukunft kommen. Wer wird das Unternehmen weiterführen? Kommt also irgendwann einmal ein Investor von außerhalb? Womöglich gar so eine millionenschwere Finanz-Heuschrecke? »Auf gar keinen Fall«, winkt Sprügel ab. »In zwei Jahren wechsle ich in den Aufsichtsrat. Dann übernehmen meine Töchter, die beide Betriebswirtschaft studiert haben. Denn schließlich sind wir ja eine Familien-AG. Wir halten 70 Prozent der Aktien.«

Und die anderen 30 Prozent? »Die hält Klaus Sturm von ebm-papst. Der Unternehmerkollege aus Mulfingen. Der hatte mir in den Zeiten der Finanzkrise aus freien Stücken angeboten, einen Aktienanteil zu übernehmen, damit ich mich nicht auf die Banken verlassen muss. Und so ist es gut. Die Hohenloher halten zusammen.«

Ach ja … noch eine letzte Frage: wie engagiert sich Jako eigentlich beim FSV Hollenbach? Was für eine dämliche Frage! Natürlich ist Jako der Hauptsponsor und das 3500 (!) Zuschauer fassende Stadion heißt – logo – »Jako-Arena«. Dazu gibt es eine Jako-Fußballschule, die zuverlässig dafür sorgt, dass sich der FSV, der immerhin in der Verbandsliga, der höchsten Spielklasse des WFV, agiert (und das bei 500 Einwohnern!) nicht mit Legionären bestückt, um die Klasse zu halten, sondern zuverlässig aus dem selbst ausgebildeten Nachwuchsreservoir schöpfen kann.

Und wie ist das mit den Würzburger Kickers, bei denen Sprügel ja schließlich selbst einmal in der 2. Bundesliga aufgelaufen ist? Logo! Auch die werden natürlich von Jako ausgestattet! Und der VfB

Stuttgart? Schwabens so dramatisch fragil gewordener Fußballstolz? Wird seit der Spielzeit 2019/20 ebenfalls in Jako-Trikots versuchen, möglichst viele seiner Spiele wieder zu gewinnen. »Zugegeben …Es gab da bei mir schon die Überlegung: Hoffenheim oder der VfB? Aber am Ende sind wir dann halt doch bei unserem schwäbischen Traditionsverein gelandet.« … der jetzt also ausgerechnet von einem durch und durch hohenlohischen Unternehmen gepusht wird.

Bestes Kaffeehaus zwischen Anchorage und Kapstadt

»Das Hagen« in Heilbronn

Wenn ihn jemand als »Salonsozialisten« bezeichnen würde, dann müsste Hanspeter Hagen eigentlich lächelnd zustimmen. Ich hoffe zumindest, dass es so sein wird, wenn er diese Zeilen liest. Denn es ist ja durch und durch positiv gemeint. Jedes Mal, wenn ich ihm begegne, muss ich nämlich unwillkürlich an Salvador Allende denken, den ehemaligen chilenischen Staatspräsidenten, der Anfang der 70er Jahre seine »Revolution mit Rotwein und Pasteten« etabliert hat. Eine Grundhaltung, die wie angegossen auf den jahrzehntelangen Sozialdemokraten Hanspeter Hagen aus Heilbronn passt. »Denn schließlich haben nahezu alle Revolutionen in einem Kaffeehaus begonnen«, erzählt er gerne und mit einem gewissen Stolz. Ein klarer Stil, eine durch und durch soziale Einstellung, dazu eine Firmentradition, die immerhin bis ins Jahr 1934 zurückreicht: das ist es, wofür Hanspeter Hagen selbst und sein Heilbronner »Kaffeehaus Hagen« zu einhundert Prozent verlässlich stehen. »Das Hagen« ist – dank seines Seniorchefs – weit über die Hauptstadt der Region Heilbronn-Franken hinaus längst zu einer hochgeschätzten Institution geworden. Und das Bemerkenswerte dabei: es fühlen sich alle Generationen hier wie zuhause – Schüler, Studenten (die Heilbronn ja in wachsender Zahl bevölkern), Geschäftsleute, Handwerker, Müßiggänger, Familien mit Kleinkindern und natürlich auch die Uroma.

Eigentlich hat Hanspeter Hagen damals, im Jahr 1989, als er die Kaffeerösterei Hagen nach dem Tod seines Vaters übernommen hat, jedoch alle Weichen so neu gestellt, dass man das baldige Ende des traditionsreichen Hauses befürchten musste. Es war ja die Zeit, in der die Großen immer größer geworden und die Kleinen allmählich von der Bildfläche verschwunden sind. So war das in allen Branchen und die Gilde der Kaffeeröster hat keine Ausnahme gemacht. Auch nicht in Heilbronn. Von den über 2.000 Kaffeeröstereien, die es um die Jahrtausendwende in Deutschland noch gegeben hat, sind inzwischen ja keine 100 mehr übrig geblieben. Welcher Kunde also sollte seinerzeit schon eine Packung »Hagenkaffee« kaufen wollen?! Wo doch Firmen wie »Jacobs«, »Onko«, »Dallmayr« und »Tchibo« (ja, Tchibo hat tatsächlich auch einmal mit Kaffee begonnen!) aller Welt bekannt waren und die man als vermeintlich moderner Mensch dank ihrer intensiven Fernsehwerbung dann auch viel lieber konsumieren mochte. Dagegen irgendwelche lokalen Kaffeemarken aus der Provinz? Langweilig! Keine Zukunft! Vergebliche Liebesmühe also, in Sachen Kaffeeverkauf auf gute Umsätze und eine sichere Existenzgrundlage zu hoffen. Und dass es eines Tages beinahe an jeder Straßenecke eine Kaffeerösterei geben würde, das hätte in diesen Zeiten ja erst recht kein Mensch für möglich gehalten.

Als der neue Chef zu allem Überfluss kurz nach der Firmenübernahme mit seiner Rösterei auch noch in ein altes Fabrikgebäude ins Heilbronner »Hawaii« umgezogen ist (in jenen Jahren berüchtigt als sozialer Brennpunkt allererster Güte), spätestens da war jedem klar: in absehbarer Zeit würde die letzte Messe für das Kaffeehaus Hagen gelesen werden müssen.

Aber zum guten Glück ist es ganz anders gekommen. »Zwar haben mich die Leute in den ersten Jahren tatsächlich für ein bisschen verrückt gehalten und es war da auch eine Durststrecke von drei,

vier Jahren zu überwinden, denn zunächst wollte sich ja niemand in dieses Problemviertel wagen, aber dann ging es rasant aufwärts.« Das alte Klinkergebäude im heruntergekommenen Hawaiiviertel war nämlich ein Glücksfall: es war die genau richtig dimensionierte Produktionsstätte für Hagens Kaffeerösterei und zusätzlich gab es hier noch genügend Raum für ein Ladengeschäft und auch für ein Kaffeehaus, das mit seinem nostalgisch-modernen Charme jene Wärme ausstrahlt, wie das bei einem Neubau niemals gelingen kann. Sogar einen Architekturpreis für beispielhaftes Bauen hat es für den mutigen Schritt ins Hawaii als Höhepunkt obendrein noch gegeben.

Entscheidend wichtig für den heutigen Erfolg freilich war aber in erster Linie das konsequente Qualitätsstreben. Nur allerbeste, nachweisbar fair gehandelte Kaffeesorten von nachhaltig wirtschaftenden Erzeugern werden im Kaffeehaus Hagen verarbeitet.

Eben das macht dann auch den Unterschied. Denn die Bohnen werden vor dem Röstvorgang noch einmal ganz genau unter die Lupe genommen: nur einwandfreie Ware kommt in die Rösttrommel. Qualität, Qualität und nochmals Qualität: Das ist die entscheidende Grundvoraussetzung, um sich gegen die bekannten »global player« in der Kaffeebranche zu behaupten. Aus der ganzen Welt kommen die Bohnen für den Kaffee nach Heilbronn: aus dem afrikanischen Hochland genauso wie aus Lateinamerika, aus Südostasien, sogar aus Australien. Über 60 Kaffeesorten, dazu 12 Espressovarianten kann man heute im Kaffeehaus in der Christophstraße kaufen – dazu kommen noch über 100 Teesorten. Und selbstverständlich werden der Kundschaft auch regelmäßig Kaffee- und Teeseminare angeboten.

Allein der Duft, der einem schon von weitem in die Nase weht, wenn man sich dem Hawaii nähert: Beim Hagen läuft die Kaffeeproduktion mal wieder auf vollen Touren! Der angenehme Kaffeeduft verstärkt sich um ein Vielfaches, wenn man das Ladengeschäft erst einmal betreten hat, begleitet vom dezenten Klingeln der Türglocke: wohin man blickt, stehen große Kaffee- und Teedosen in den Regalen, weiter hinten im Raum die Kaffeemaschinen, ergänzt durch zahlreiche Haushaltsaccessoires und stilvoll-modische Kleidung, ganz hinten im Gebäude schließlich das Herzstück: die Rösterei, durch die der Chef persönlich seine Besucher auf Voranmeldung gerne führt. Alte Emailleschilder von längst verschwundenen Kaffeemarken, finden sich ebenso, wie der eine oder andere Sinnspruch:

»Wisst Ihr noch?
Die dummen Deutschen,
die das Dosenpfand erfanden,
um Müll zu verringern?

Heute kochen sie Kaffee aus Kapseln.
Verrückt!«.

Überflüssig zu erwähnen, dass es in Kapseln gepressten Kaffee beim Hagen niemals geben wird. Voller Dankbarkeit dürfen die LeserInnen deshalb das herrliche Glaubensbekenntnis an der Kaffeehauswand zur Kenntnis nehmen:

»*Kaffee unser,*
der Du bist in der Tasse.
Geheiligt werde Deine Bohne.
Dein Röstgrad komme.
Dein Aufwecken geschehe.
Wie am Morgen so auch auf der Arbeit.
Unser tägliches Koffein gib uns heute.
Und vergib uns unsere Sucht.
So auch wir vergeben den Senseo-Trinkern.
Und führe uns nicht in Versuchung,
Sondern erlöse uns von der Müdigkeit,
Denn Dein ist der Geschmack,
Das Aroma und das Koffein,
In Ewigkeit, Arabica!«

Allein mit dem vergnügten Studieren dieser unzähligen Zitate, Skizzen, Zeitungsausschnitte und Cartoons rund um den Kaffee kann man im Hagen mühelose eine Stunde verbringen – oder auch zwei.

Natürlich wird den Themen Revolution, fairer Handel und soziale Gerechtigkeit an den Wänden des Kaffeehauses ebenfalls genügend Raum gegeben – versteht sich im »Hagen« ja sozusagen von selbst.

Der berühmte Satz von Dom Helder Camara, dem großen brasilianischen Befreiungstheologen – eingerahmt in einem Kunstwerk – darf dabei logischerweise nicht fehlen: »*Wenn die Länder des Überflusses den Entwicklungsländern gerechte Preise für ihre Produkte zahlen würden, könnten sie ihre Unterstützung und ihre Hilfspläne für sich behalten.*«

All das hat Pfiff, hat sein ganz eigenes Niveau, das noch einmal eine Steigerung erfährt, wenn man die große Eisentreppe hochsteigt in den ersten Stock, wo die Wände über und über mit Kunst behängt sind, wobei viele Bilder und Skulpturen sogar von Hanspeter Hagen selbst stammen. Und in einer Nische vor dem eigentlichen Café des Kaffeehauses präsentiert sich der wundersame »Prophetomat« des Schwäbisch Haller Künstlers Bernhard Deutsch, dessen »Djinn Raschid al Hakim« jedem Besucher, der eine 50 Cent Münze dabei hat (Millionäre zahlen das Vierfache) die Zukunft weissagt, die natürlich golden sein wird – aber logischerweise nur, wenn man sich dazu entschließt, im angrenzenden Raum ein Tässchen Hagen-Kaffee zu genießen. Was freilich nicht immer ganz so einfach ist, vor allem an Samstagvormittagen. Wer da nämlich mal eben so zum Frühstücksbuffet vorbei kommen will, hat grundsätzlich schlechte Karten: eine Anmeldung, gut und gerne zwei Monate im Voraus, ist absolut empfehlenswert. Ebenso übrigens bei der im selben Raum eingerichteten Kulturbühne, deren abendliche Veranstaltungen sich einer wachsenden (sprich zumeist ausverkauften) Beliebtheit erfreuen.

Im »Hagen« passt wirklich alles zusammen. Angefangen vom Kaffee bis zur Kunst. Und von daher bin ich wirklich überzeugt: Ein besseres Kaffeehaus werden Sie zwischen Anchorage und Kapstadt schwerlich finden! Das sei eine etwas abenteuerliche Behauptung, finden Sie? Na ja … einerseits schon … Aber andererseits … sind selbst mehrere Freunde aus der unangefochtenen Kaffeehaushauptstadt Wien, mit denen wir »das Hagen« besucht haben, aus dem Staunen gar nicht mehr herausgekommen und ziemlich beeindruckt vom Neckar zurück an die schöne, nicht immer blaue, Donau gereist.

Hanspeter Hagen hat also damals zur richtigen Zeit die richtige Wahl getroffen, sowohl mit dem Standort, als auch mit seinem konsequenten Qualitätsstreben. Und der Erfolg gibt ihm recht: gerade auch in Hohenlohe erfreut sich Hagen-Kaffee längst größter

Hanspeter Hagen

Beliebtheit. Beinahe überall kann man ihn zwischen Jagst, Tauber und Kocher genießen, in zahlreichen Kaffees und vielen Läden – nur nicht bei den ganz großen, bei den Discountern. »Die machen zwar immer mal einen Vorstoß, aber das kommt für mich auf gar keinen Fall in Frage. Denn wer sich den großen Haien im Haifischbecken aussetzt, braucht sich nicht zu wundern, wenn er eines Tages von denen gefressen wird. Lieber regional stark sein und qualitativ hochwertig daherkommen, als irgendwelche Massenware zu produzieren. Das war und ist immer schon mein Grundsatz gewesen. Und so wird es auch bleiben!«

Aber das ist noch nicht alles und jetzt kommen wir zurück zum Anfang, zu dem sozialen Fundament, auf dem Hanspeter Hagen fest und unverrückbar steht. Neben seinem wirtschaftlichen Erfolg hat er nämlich auch diejenigen nie aus seinem Blickfeld verloren, die – aus welchen Gründen auch immer – auf die Schattenseiten unserer Gesellschaft geraten sind. Und so engagiert er sich schon seit dem Jahr 1973 im Strafvollzug. Damals hat er mit einer Handvoll Ehrenamtlicher die »Bürgerinitiative Strafvollzug e.V.« gegründet und seitdem kommt er regelmäßig jeden Freitagabend für zwei Stunden ins Heilbronner Gefängnis, um dort mit den Gefangenen zu sprechen. Das dürfte mittlerweile ein einsamer Rekord im bundesdeutschen Justizwesen sein. Über was sie da sprechen? »Über Gott und die Welt. Über Literatur, über das Weltgeschehen, über Probleme in der JVA, über die Tat, wegen der die Männer eine jahrelange Haftstrafe verüben müssen. Klar, keiner ist unschuldig, keiner kommt nur einfach so ins Gefängnis, aber jeder verdient eine zweite Chance. Dabei will ich behilflich sein.«

Der Rebell vom Taubertal

Hans Böhm, der erste deutsche Revolutionär

Um nichts anderes sollte es gehen, als um ein bisschen mehr Gerechtigkeit. Gerechtigkeit für »den gemeinen Mann«, für das einfache Volk, das in der zweiten Hälfte des 15. Jahrhunderts, in diesem Herbst des Mittelalters, eine ganz besonders schwere Zeit zu durchleben und zu durchleiden hatte. Die althergebrachte Ordnung schien es nicht mehr zu geben, Recht und Gerechtigkeit für die unteren Schichten waren in der zweiten Hälfte des 15. Jahrhunderts schlichtweg nicht mehr vorhanden. Die Kirche steckte in einer tiefen Sinnkrise, während des Konzils von Konstanz (1414 – 1418) hatten sich drei Päpste um die Macht gestritten und der böhmische Reformator Hus war nach einem gebrochenen Versprechen durch den Kaiser skandalöserweise auf dem Scheiterhaufen verbrannt worden.

Sitten und Moral galten vor allem in den Klöstern und beim Adel als total verludert, Hungersnöte überzogen das Land, die Pest wütete, der Kaiser, der sogar einen Krieg gegen das Bauernheer der Eidgenossen verloren hatte, musste sich Geld für seine Kriegszüge bei reichen Kaufleuten leihen, die sich als Gegenleistung große Ländereien unter den Nagel rissen und sich in den Adelsstand erheben ließen, wogegen der niedere Adel durch zahlreiche Wirtschaftskrisen und durch die immer mächtigeren Klöster, Herzöge

Bauer zur Zeit des Bauernkriegs.

und Kurfürsten in eine soziale Abwärtsspirale geraten war, was dazu führte, dass sich die Junker all das, was ihnen ihrer Meinung nach von jeher zustand, nun immer öfter mit brutaler Gewalt an-eigneten. Das alte Nutzungsrecht der einfachen Dorfbewohner an Wald, Weide und Wiesen, die Allmende, wurde ihnen immer öfter abgesprochen, kurzum: es waren fürchterliche Jahre angebrochen.

Kein Wunder, dass mehr und mehr Wanderprediger durch die Lande zogen, die in ihren düsteren Prophezeiungen vom unmittelbar bevorstehenden Ende der Welt schwafelten, vom jüngsten Tag, von der Hölle, in der alle Gottlosen bald gnadenlos schmoren würden – vor allem diejenigen, die nicht die finanziellen Mittel besaßen, um sich mit Ablassbriefen von der ewigen Pein im letzten Moment noch freizukaufen.

Genau in dieser Zeit begann plötzlich ein junger Schäfer namens Hans Böhm in Niklashausen im Taubertal zu predigen: von Gerechtigkeit und Ungerechtigkeit, vom »Recht des gemeinen Mannes«, von der Gottlosigkeit des Kaisers und von den Sünden der Priester. Das war revolutionär! Das war Gotteslästerung! Und doch sagte der »Heilige Jüngling«, wie sie ihn im Taubertal bald nannten, er vertrete in allen Punkten das göttliche Recht. Denn es sei doch nicht Gottes Wille, dass die einen in Armut, Not, Elend vegetieren müssten, während die anderen in einem gotteslästerlichen Luxus schwelgten. So war das doch zu Zeiten der Ahnen schließlich auch nicht gewesen! Die alte Ordnung hatte ganz anders ausgesehen! Es habe eine Zeit gegeben, in der alle Menschen frei und gleich gewesen waren und folglich stelle sich die Frage: »Als Adam grub und Eva spann, wo war denn da der Edelmann?«

Als sich der zirka 20 Jahre junge Mann, geboren in Helmstadt bei Würzburg, Viehhirte zu Niklashausen, ausgerechnet dann auch noch auf die Jungfrau Maria berief, auf die hochverehrte Schutzheilige von Franken, da setzte ein regelrechter Sturmlauf nach Niklashausen ein. Von überall her strömten die Menschenmassen: aus Franken, Hohenlohe, dem Bauland, vom Main und natürlich aus dem Taubertal, um die Predigten des Heiligen Jünglings begierig in sich aufzusaugen.

Man muss sich das einmal vor Augen halten: wie ein Lauffeuer hatte sich seit dem Tag Mariä Verkündigung, dem 25. März 1476, als er zum ersten Mal gepredigt hatte, im ganzen Land herumgesprochen, dass da bei der Marienkapelle im Wallfahrtsort Niklashausen ein Jüngling davon berichtete, dass ihm im Schlaf die Heilige Jungfrau erschienen sei, die nun durch ihn ihre Botschaft verkünde: von einem großen Strafgericht Gottes gegen alle Sünder. Dass er die Menschen auffordern solle, umzukehren, auf den richtigen Pfad der Tugend zurückzufinden und dass sie deshalb alle nach Niklashausen kommen sollten, um Buße zu tun. Und alle diejenigen, die am wundertätigen Gnadenbild in Niklashausen um Vergebung bitten würden, denen würde diese Vergebung durch die Heilige Jungfrau auch zuteil werden.

Die Botschaft fiel sofort auf fruchtbarsten Boden – wie ein warmer Regenguss nach einer langen Dürreperiode – und ließ die Saat aufgehen: Zu zehntausenden müssen die Menschen damals herbeigeströmt sein, eine unüberschaubare Anzahl an Pilgern, die nichts anderes mehr im Sinn hatten, als den wundersamen Jüngling und seine verheißungsvolle Botschaft mit eigenen Augen und Ohren erleben zu dürfen. Es ist völlig rätselhaft, wie das kleine Dorf in dem engen Flusstal den Ansturm dieser Massen bewältigt hat – und dennoch ist es genauso gewesen. Schon allein die Tatsache, dass diese Zehntausende in allerkürzester Zeit herbei geströmt sind, grenzt ja angesichts der damaligen Übermittlungsmöglichkeit von Nachrichten bereits an ein Wunder. Im weiten Umkreis muss es kein anderes Gesprächsthema mehr gegeben haben, als den Heiligen Jüngling von Niklashausen. Von Mund zu Mund, von Ohr zu Ohr, ging dessen Botschaft wie ein Lauffeuer durch alle Dörfer und mitten im Frühjahr haben die Männer und Frauen einfach ihre Arbeitsgeräte stehen und liegen lassen und sind ins Taubertal gepilgert, um ebenfalls die frohe Botschaft des jungen Hirten empfangen zu können.

Alle Hofffahrt müsse jetzt sofort konsequent und unnachgiebig bekämpft werden, jedes Schmuckstück, jeder modische Schuh, Brusttücher, Spielzeug, Haarnetze, schlichtweg alles müsse von den Pilgern dem Feuer überantwortet werden, genauso wie auch er seine Sackpfeife verbrannt habe (die Schäfer haben früher ja oft auf dem Dudelsack gespielt, deshalb auch Hans Böhms Beiname als »Pfeifer von Niklashausen«). Nur so könne man die Heilige Jungfrau davon überzeugen, dass man gewillt sei, auf den Weg der Tugend zurückzufinden. Und all diese Menschen, die doch ohnehin fast nicht besaßen, die folgten seiner Aufforderung tatsächlich und warfen auch noch das letzte bisschen Besitz, das sie mit sich führten, ins Feuer. Denn bald schon würde eine neue Zeit anbrechen und alle, die so gehandelt hätten, wie sie, die würden eine verheißungsvolle Zukunft erleben dürfen: ohne Adel, ohne Frondienste, ohne private Besitztümer. Alles gehöre künftig allen und jeder Mann und jede Frau könnten glücklich und zufrieden ihr Leben führen.

Bis zu 50.000 Menschen müssen sich in Niklashausen innerhalb weniger Wochen versammelt haben – und selbst wenn diese Zahl für heutige Ohren angesichts der damals wesentlich geringeren Bevölkerungsdichte auch etwas übertrieben klingen mag: es war auf alle Fälle eine gigantische Massenbewegung, die sich im Frühsommer 1476 über das mittlere Taubertal ergossen hat. Und irgendwann waren dann auch die Bischöfe in Mainz und Würzburg, die das ganze eigenartige Treiben erst nicht ernst genommen hatten, aufs Höchste alarmiert. Daraufhin wurden Spitzel ausgesandt, um die offenbar gottlosen Handlungen in Niklashausen zu notieren und Bischof Rudolf von Scherenberg auf dem Würzburger Marienberg aus erster Hand davon Bericht zu erstatten. Der Bischof war von dem, was er da hören musste, hell entsetzt, denn sogar ihm, dem ersten Diener der Heiligen Jungfrau auf dem Marienberg über Würzburg, wurde vorgeworfen, ein gottloser Zeitgenosse zu sein, den selbst bald die Strafe des Himmels treffen würde. Und all diese ketzerischen Behauptungen des jungen Schäfers wurden auch noch durch einen Mönch, der ihm offenbar zur Seite stand, theologisch untermauert! Unerhört!

Jetzt musste gehandelt werden – und zwar rasch! Doch so einfach war es natürlich nicht, bei zehntausenden von Menschen einen Volkshelden gefangen zu nehmen und nach Würzburg auf die Marienburg zu verbringen. Deshalb entschloss man sich zu einer Nacht- und Nebel-Aktion, während der Hans Böhm und seine engsten Helfer mitten im Schlaf überrascht und entführt wurden, ohne dass die ahnungslosen Wallfahrer etwas davon mitbekamen, die in ihrer grenzenlosen Naivität keinerlei Schutzmaßnahmen für ihren Heiligen Jüngling ergriffen hatten, weil sie nie und nimmer mit einem Kidnapping gerechnet hatten. Am nächsten Morgen war dann das Entsetzen groß – aber da war es natürlich längst zu spät. Hans Böhm war zu diesem Zeitpunkt schon in den Gefängnisturm der Marienburg geworfen worden, wo auf ihn ein kurzer Scheinprozess wartete, dessen Ausgang bereits von vornherein festgestanden hatte. Viele tausende von Hans Böhms empörten Anhängern zogen nun vor die Tore der Festung, und forderten seine Freilassung – doch vergebens. Als sich die Wut der Menschen derart steigerte, dass der Bischof und seine Gefolgsleute sogar mit einer Erstürmung der Marienburg rechnen mussten, ließen sie die Kanonen sprechen. Wahllos wurde in die schutzlose Menge gefeuert, die daraufhin in wilder Panik auseinanderstob.

Und nun wurde Hans Böhm, der in seinem Gefängnis mehrfach gefoltert worden war, schleunigst und gegen alle juristischen Regeln dieser skandalöse Prozess gemacht: doch alle Folter, alle Strafandrohungen, alle noch so scharfen Verhöre mochten ihn nicht dazu bewegen, von seiner Haltung Abstand zu nehmen und zu widerrufen. Nicht er sei ein Ketzer, sondern der Bischof. Nicht er führe ein gottloses Leben, sondern Rudolf von Scherenberg. Und so endete dieser Prozess nach kürzester Zeit genauso, wie es von Anfang an beschlossene Sache gewesen war: mit dem Todesurteil gegen Hans Böhm und seine treuesten Begleiter.

Am 19. Juli 1476 wurden die Urteile auf dem Schottenanger am Main unterhalb der Marienburg öffentlich vollstreckt. Während die Gefährten direkt vor seinen Augen enthauptet wurden, war für den Ketzer Hans Böhm der Scheiterhaufen reserviert. Kurz bevor der Henker das tödliche Feuer entzündete, soll er dem Delinquenten noch gnadenhalber das Angebot gemacht haben, sich das Genick brechen zu lassen, um damit den Qualen eines langsamen Feuertodes zu entgehen. Doch Hans Böhm lehnte ab. Aufrechten Hauptes wolle er zur Heiligen Jungfrau in den Himmel aufsteigen. Und so loderten kurz danach die Flammen hoch auf, während er weiter bei vollem Bewusstsein war. Bald schon wurde er vom dichten Qualm verschluckt – war aber dennoch nach wie vor präsent. Denn sehr zum Entsetzen des Bischofs und dessen Schergen drang klar und deutlich die Stimme des Heiligen Jünglings durch die Qualmwolken an die Ohren der ungläubig staunenden Menschen. Marienlieder! Bis zu seinem letzten Atemzug sang er Marienlieder! Zu Ehren der Heiligen Jungfrau! Nein, er hatte nicht widerrufen! Sie hatten ihn nicht gedemütigt! Selbst vom Scheiterhaufen herunter hatte er ihnen noch einmal drastisch verdeutlicht, wer hier der Ketzer war und wer nicht.

So groß war deshalb noch nach dem Ableben des Hans Böhm die Furcht vor seiner Botschaft, dass der Bischof die Asche des Delinquenten vom Scheiterhaufen in den Main streuen ließ, um jegliche Reliquienverehrung gleich im Ansatz zu ersticken. Und sicherheitshalber ließ er, der Bischof(!), sogar die Marienkapelle in Niklashausen dem Erdboden gleichmachen, dass nichts, aber auch gar nichts mehr an den Heiligen Jüngling erinnern konnte: allein dessen Namen zu nennen oder gar dessen Geschichte zu erzählen, war bei schwerster Strafe verboten.

Das Erstaunliche dabei: Sie haben es dennoch nicht geschafft, die Geschichte vom Leben des Hans Böhm, des Pfeifers von Niklashausen, für alle Zeiten auszulöschen. Das Zeugnis über den ersten deutschen Revolutionär, der schon so lange vor dem großen Bauernkrieg im Taubertal diese erste gewaltige Bewegung für mehr Gerechtigkeit und Freiheit zustande gebracht hat – auch wenn er es mit seinem jungen Leben bezahlen musste. Er ist selbst heute, nachdem nun beinahe 550 Jahre ins Land gegangen sind, nicht vergessen. Das sollen nicht zuletzt auch die Seiten in diesem Buch deutlich unterstreichen.

Vom Bischof Rudolf von Scherenberg, der den jungen Schäfer Hans Böhm hat verbrennen lassen, gibt es in Würzburg ein Portrait, das der weitberühmte fränkische Holzschnitzer Tilman Riemenschneider geschaffen hat.

Von Hans Böhm dagegen gibt es nur die Erinnerung – aber diese wird in den Herzen der Menschen weiterleben. Auch – oder vielmehr gerade – in Hohenlohe.

Schwein gehabt

Die Rettung der Mohrenköpfle

Totgesagte leben länger: das gilt in der fränkisch-hohenlohischen Landschaft in ganz besonderem Maße. Vielleicht auch deshalb, weil der Menschenschlag hier immer noch als überaus heimatverwurzelt charakterisiert werden kann, als fleißig, zäh und dazu oft auch ausgestattet mit einer geradezu legendären Sturheit. Dank dieser ganz besonderen Eigenschaften hat sich im hintersten Winkel der weit verstreuten Dörfer und Bauernhöfe so manches in die Gegenwart hinein retten können, was andernorts längst als unwiederbringlich verloren gilt. Zwei wahrhafte Paradebeispiele für so eine kühne Behauptung sind die schwäbisch-hällischen Landschweine und die Limpurger Rinder, letztere haben ja schon im 19. Jahrhundert als »bœuf de Hohenlohe« in den Toprestaurants von Paris einstmals den absoluten Gourmetschlager dargestellt.

Lang, lang ists her. So lange, dass beinahe selbst in Hohenlohe zu viel Zeit verstrichen wäre, denn im Jahr 1984 galten die schönen Mohrenköpfle, also die schwäbisch-hällischen Landschweine, im Grunde genommen schon als endgültig ausgestorben.

Wie das? Wo doch die hoch geschätzten Mohrenköpfle anderthalb Jahrhunderte lang in sämtlichen Hohenloher Ställen vertreten gewesen sind und einst zu Königs Zeiten sogar als Retter in der Not gepriesen wurden. Aber was einstmals als Vorteil gegolten hatte, die markante Speckschicht der hällischen Schweine, war urplötz-

Rudolf Bühler

lich aus der Mode gekommen. Seit den 50er Jahren befanden sich andere Rassen auf dem Vormarsch, denen dazu hin eine Rippe mehr angezüchtet worden war. Diese mageren Turboschweine verdrängten die traditionellen schwäbisch-hällischen Borstentiere ruck-zuck. Schon deshalb, weil die Bauern einen besseren Preis dafür bekamen. Niemand schien sich dabei mehr um die Tatsache zu scheren, dass die Mohrenköpfle nicht nur wesentlich robuster daher kommen, als hochgezüchtete Modeexemplare, sondern dass ihr Fleisch auch schlichtweg besser schmeckt. Nur noch Masse war Trumpf – aber dass zum guten Geschmack halt auch ein bisschen Speck (als Geschmacksträger) einfach dazu gehört, das wollte niemand mehr hören – und schon gar nicht mehr auf dem Teller haben.

Schon im Jahr 1970 hatte der damalige Landrat von Schwäbisch Hall deshalb auf einer Bauernversammlung empfohlen, den letzten Mohrenköpfle-Eber auszustopfen und ins Museum zu befördern, als bleibende Erinnerung an eine ehedem große Erfolgsgeschichte, die nun aber endgültig der Vergangenheit angehöre.

Denn es waren ja genau diese schwäbisch-hällischen Landschweine gewesen, die den Bauern nach den katastrophalen Missernten Anfang des 19. Jahrhunderts das Überleben garantiert hatten. Zu verdanken war das dem damaligen württembergischen König Wilhelm I., der mit der ehrenvollen Bezeichnung »der Landwirt auf dem Königsthron« in die Geschichte eingegangen ist. Er hatte nach dem furchtbaren Jahr 1816, dem »Jahr ohne Sommer«, zahlreiche Maßnahmen zur Verbesserung der Landwirtschaft eingeleitet. Zu diesem Zwecke wurden auf sein Geheiß aus China sogenannte Maskenschweine eingeführt und diese dann mit den hiesigen Schweinen, die alle noch in direkter Linie von den Wildschweinen abstammten, gekreuzt. Heraus kam dabei unter anderem ein ziemlich merkwürdig aussehendes Tier, mit schwarzem Kopf, Schlappohren und schwarzem Hinterteil, das aus naheliegenden Gründen ziemlich schnell seinen Spitznamen verpasst bekam: »Mohrenköpfle«.

Es war eine überaus erfolgreiche Schweinezüchtung, weil sie mit einer ordentlichen Speckschicht ausgestattet war. Ausgerechnet dieser Speckanteil war einer der Hauptgründe dafür, weshalb die Mohrenköpfle gegen Ende des 20. Jahrhunderts den neuen Geschmacksmoden und dem Schlankheitswahn zum Opfer gefallen sind. Ruckzuck galten sie als so gut wie ausgestorben. Und keiner der neuen Turboschweinezüchter schien sie zu vermissen. Wenn da eben nicht … dank der bekannten hohenlohischen Dickschädeligkeit, doch noch zwei Bauern gewesen wären, bei denen im Jahr 1984 insgesamt sieben Mohrenköpfle-Sauen und ein Eber in grade einmal zwei Ställen ein nahezu vergessenes Schattendasein gefristet hätten.

Der Landwirt Rudolf Bühler aus Wolpertshausen, der viele Jahre als Entwicklungshelfer in Afrika und Bangladesh verbracht hatte, fungierte schließlich als der entscheidende Impulsgeber für die Rettung und die Wiederbelebung der alten schwäbisch-hällischen Landschweinerasse. Dank seines respektablen Hohenloher Dickschädels, verbunden mit einer ordentlichen Portion Durchsetzungsfähigkeit, ist ihm dabei über sämtliche (und nicht gerade wenige) bürokratische Hürden hinweg nach zähem Ringen tatsächlich die Erhaltungszüchtung der Mohrenköpfle gelungen: es sollte ein Meilenstein für viele kleinbäuerliche Hohenloher Bauernhöfe werden, die in diesen Jahren kurz vor dem Aus standen! Denn entscheidend für den weiteren Erfolg in Sachen Mohrenköpfle war Bühlers Erkenntnis, die er zuvor schon jahrelang in der Entwicklungshilfe angewandt hatte, dass sich die wichtigsten Grundvoraussetzungen für ein erfolgreiches Wirtschaften in der kleinbäuerlichen Landwirtschaft durchaus auch nach Hohenlohe übertragen lassen können, wo ja genau diese Strukturen noch vorhanden waren: vor allen Dingen war das die »Hilfe zur Selbsthilfe«, also die Gründung von kleinen, dezentralen Einheiten, die zwar für ihren Start eine Anschubfinanzierung in Form eines Kredits erhalten, sich dann aber selber über Wasser halten müssen, was mit Hilfe einer guten Schulung und einem klaren Geschäftsmodell bestens funktionieren kann. Und so hat Bühler nach genau diesem Vorbild aus der Entwicklungshilfe im Jahr 1988 zusammen mit sieben anderen Bauern eine eigene Verwertungsgesellschaft, die »Bäuerliche Erzeugergemeinschaft Schwäbisch Hall« (BESH) gegründet, die seitdem wächst und wächst und wächst… Ähnlich erfolgreich, wie es einst schon zu Königs Zeiten mit den Mohrenköpfle aufwärts gegangen ist. Mittlerweile haben sich 1.500 Bauern der »BESH« angeschlossen. Entwicklungshilfe made in Hohenlohe.

Natürlich hat ihnen dabei auch der Trend in die Karten gespielt, dass sich genau in dieser Zeit die Qualitätsansprüche vieler Verbraucher, die sich bei ihrem Schnitzel nicht mehr länger mit einem neutral-faden Einheitsgeschmack abspeisen lassen wollten, deutlich verändert haben. Kein Wunder also, das sich unter den Gourmets bald herumgesprochen hat, welch herausragende Qualität das Fleisch der Mohrenköpfle aufweist. Vor allem auf dem Sektor Biofleisch, bei dem die Hohenloher inzwischen eine führende Stellung im Markt erobert haben und bei ihren absoluten Spezialitäten, dem Eichelmastschwein, setzen die »BESH«-Bauern seither immer wieder neue, auch von Spitzenköchen vielbeachtete Akzente. Und es geht munter weiter, denn ein Ausruhen auf den bisher erreichten Lorbeeren, das scheint für Rudolf Bühler und seine Kollegen ein Fremdwort sein. Mit anderen Worten: das Ende der Fahnenstange scheint noch längst nicht erreicht zu sein, zumal inzwischen ja auch die preisgekrönte Dorfkäserei Geifertshofen von der »BESH« aus einer finanziellen Schieflage gerettet worden ist und nun erfolgreich weiter betrieben wird.

Sogar die örtliche Brauerei im nahen Schwäbisch Hall hat sich inzwischen für die Schwäbisch-Hällische Schweinerasse begeistern lassen und braut erfolgreich ein Mohrenköpfle-Bier, auf dessen Etikett zwei echte »Mohrenköpfle« abgebildet sind. Es dürfte sich dabei weltweit um die einzige Biermarke handeln, die eine Schweinerasse adelt. Auch das ist so ein schönes landwirtschaftliches Märchen, wie es halt nur in Hohenlohe wahr werden konnte!

Nicht vergessen werden darf bei einer derart erstaunlichen Erfolgsbilanz, wie man sie in der Landwirtschaft sonst kaum noch irgendwo erleben kann, natürlich die »Stiftung Haus der Bauern«, die aus der »BESH« heraus gegründet worden ist und die mit dem Kauf des riesigen Schlosses Kirchberg an der Jagst mittlerweile ein gewaltiges Ausrufezeichen gesetzt hat. Mit einer ordentlichen Portion Selbstbewusstsein im Rücken haben »die Bäuerlichen« dort sofort sämtliche Adelsportraits von den Wänden im Rittersaal abgehängt und an deren Stelle das Bild eines revolutionären Bauern mit der Freiheitsfahne angebracht! Und seitdem dient der imposante ehemalige Adelssitz als idealer Veranstaltungsort für internationale Tagungen und Seminare zur ökologischen Landwirtschaft, für Workshops zur Förderung der weltweiten Bauernrechte, zur Fortbildung in Sachen Ökolandbau etc. All das geschieht konsequenterweise natürlich nicht im kleinen Karo, sondern mit international bekannten Referenten aus Politik, Agrarwirtschaft und Industrie, die sich inzwischen nur allzu gerne für einen Vortrag nach Kirchberg einladen lassen. Atemberaubend! Niemand, der noch vor wenigen Jahren das jämmerlich vor sich hinsiechende Schloss betrauert hat, hätte diese Entwicklung je für möglich gehalten!

Parallel dazu ist es bei der Bäuerlichen Erzeugergemeinschaft logischerweise auch im klassisch-bäuerlichen Bereich konsequent weitergegangen, und zwar in der Rinderzucht. Denn: wenn das mit den Schweinen schon so gut geklappt hat, wieso sollten da eigentlich die hohenlohischen Rindviecher weiter im Abseits stehen? Womit man folgerichtig den zweiten Hit längst vergangenen Hohenloher Bauernlebens wiederbelebt hat: das Limpurger Rind. Denn von dieser einst hochberühmten Rasse waren – genau wie seinerzeit von den Mohrenköpfle – nur noch einige wenige Exemplare vorhanden, die mit ziemlicher Mühe aufgespürt und schließlich sorgsam wieder hochgepäppelt werden konnten. Die Mühe hat sich gelohnt: Gut und gerne 500 Exemplare der Limpurger Rinder tummeln sich mittlerweile wieder auf den Weiden zwischen Gaildorf, Oberrot und Schwäbisch Hall. Und siehe da: die neu entbrannte Nachfrage übersteigt die tatsächlichen Lieferkapazitäten im Augenblick noch bei weitem! Womit das »bœuf de Hohenlohe« auf dem besten Weg ist, bald wieder Einzug in die Gourmettempel der Welt halten zu können. Natürlich auch wieder in Paris, der Metropole der Feinschmecker.

Übrigens: kennen Sie diese fränkisch-hohenlohische Rindfleisch-Spezialität namens »Böfflamott«? Die original eigentlich nur mit Fleisch vom Limpurger Rind auf die Teller gezaubert werden sollte? In guten, traditionsbewussten Lokalen, vor allem entlang der württembergisch-bayerischen Landesgrenze wird sie noch (beziehungswiese wieder) angeboten.

»Böfflamott« – was für ein eigentümlicher Begriff! Woher der stammt? Ganz einfach: aus dem Französischen. Denn es handelt sich dabei um die fränkisch-hohenlohische Bezeichnung des »bœuf à la mode« – unmöglich, für eine unverfälschte fränkische oder hohenloher Zunge, so ein Wortungetüm französisch korrekt auszusprechen. Und so ist aus dem französischen »bœuf à la mode« halt in Hohenlohe das »Böfflamott« geworden. Sozusagen ein »Opfer« des hohenlohischen Dialekts. Aber Hauptsache, es schmeckt. Genau das tut es. Und wie!

Die Goldochsenbrauerei in Spielbach

Flüssiges Gold

Die Kultwirtschaft in Spielbach

Also gut: für vegane Abstinenzler liegt hier sicherlich nicht unbedingt der Himmel auf Erden. Aber für alle anderen dagegen eher schon. Es gibt ja viele, die sich eine Kultwirtschaft nennen und noch viele mehr, die gerne eine sein würden, aber das Wollen ist bekanntlich immer nur das eine, und das Sein dann doch nochmal etwas ganz anderes. Auch was sich heutzutage so alles ein »echtes Dorfwirtshaus« nennt, das hat in Wahrheit mit dem Charme der längst im Nebel der bierseligen Erinnerung verdampften Wirtshausjahre von anno dazumal überhaupt nichts mehr zu tun.

Und schon gar nichts mit *der* absoluten Hohenloher Kultwirtschaft, dem Gasthaus der Goldochsen-Brauerei in Spielbach. Das ist nämlich der wahrhaft echte Kult und deshalb schon längst kein Geheimtipp mehr. Was auch schon wieder so eine Sache ist… Denn mittlerweile brausen selbst die hektischen Großstädter von weiß-Gott-woher mit ihren PS starken Boliden dorthin, um sich in Spielbach auf die Suche nach den vergangenen Zeiten zu begeben, als das Leben noch in einem anderen Takt verlaufen ist. Und tatsächlich hat hier in Spielbach, in dieser wahrhaftigen Hohenloher Institution mit ihrer 400 Jahre alten Brauereitradition, der Faktor Zeit schon immer eine ganz besondere Rolle eingenommen – nämlich überhaupt keine. Wer folglich die Gaststube der Familie Unbehauen betritt und dabei keine Zeit mitbringt, sondern nur schnell zu einem Bier und einem Abendessen vorbeigehuscht kommen möchte, der hat bereits verloren, bevor er über die Schwelle getreten ist. In der Spielbacher Brauereiwirtschaft geht das Leben nämlich einen absolut anderen Gang: hier wird der Takt schon seit jeher von der Tradition bestimmt, von nichts anderem.

Meistens ist die Gaststube, in der sich seit 100 Jahren so gut wie gar nichts verändert hat, gut gefüllt. Alleine an einem Tisch zu sitzen ist von daher nahezu unmöglich und schon aus diesem Grund kommt man rasch mit den Leuten ins Gespräch. Auch mit den zahlreichen Stammgästen, die den Neulingen gern erklären, wie es hier drinnen so abläuft: aufgesperrt wird werktags grundsätzlich um 18 Uhr. Sommers wie Winters. Ruhetag gibt es keinen. 365 Tage im Jahr ist in Spielbach geöffnet. Das selbstgebraute Bier ist süffig. Es gilt als eines der besten im ganzen Land (mindestens!) und wird einem bereits nach einem kurzen Blickkontakt prompt geliefert. Nirgendwo sonst übrigens (mit der Ausnahme einer einzigen Gastwirtschaft in Rothenburg ob der Tauber, dem »Schwanen« und dem einen oder anderen »Festlich« in Hohenlohe) wird dieses Spielbacher Bier ausgeschenkt. Es handelt sich also um eine absolute Rarität, die vom kenntnisreichen Konsumenten folglich auch dementsprechend dankbar gewürdigt und genossen wird.

Als Essen serviert einem die Bedienung mit dem Kittelschurz werktags eine üppige Veschperplatte mit Wurst aus eigener Schlachtung – aber wer unbedingt will, kann auch eine Käseplatte bekommen. Vegan?!! Na ja … siehe oben. Aber das hat, soviel ich weiß, ohnehin noch nie jemand zu fragen gewagt. Hätte in Spielbach auch niemand verstanden, was das denn wohl sein soll.

An Sonntagen geht es bereits mittags los und da gibt es dann Schnitzel mit Bratkartoffeln, Schweinsbraten, Kalbsnierenbraten, manchmal gebratene Täubchen, Ente, Gans – je nach Jahreszeit halt. Mit dem Essen ist es wie mit dem Bier: es schmeckt einfach unwiderstehlich gut. Da ist kein Schnickschnack drum herum, sondern man bekommt ehrliche Hausmannskost aufgetischt und das meiste davon kommt sowieso noch aus der eigenen Landwirtschaft. Empfehlenswert ist hier wirklich alles, erst recht das in einer Pfanne mit Butterschmalz herausgebackene Schnitzel: das ist ein Gedicht! Und dazu die ebenfalls in Butterschmalz gebratenen Bratkartoffeln: zum Niederknien! Dass die Portionen groß genug sind, um selbst den Appetit eines Holzfällers zu befriedigen, versteht sich in Spielbach von selbst. Und natürlich gehört als Essensbegleiter hier immer das frisch aus dem Hahn gezapfte Bier dazu. Natürlich gibt es auch Wein, aber….

Zufrieden verdauend sitzt man also an seinem Tisch, umgeben von genauso zufrieden mampfenden Gästen und lässt den Blick über den Tresen mit seinem meterlangen Ofenrohr schweifen, über den anscheinend niemals endenden Bierstrom aus dem Zapfhahn, die emsig aus der Küche heraus- und wieder hinein huschenden Kittelschürzen, die Vorhänge, die noch aus der Kaiserzeit zu stammen scheinen, dem Portrait mit dem Alten Fritz, Sinnsprüche wie jenen »Fühlt man sich wohl bei Bier und Schmaus, und geht zufrieden aus dem Haus. Dann freuen sich die Wirtsleut' sehr – auf des Gastes Wiederkehr!« Während ein solcher Schüttelreim andernorts bestenfalls ein knappes Stirnrunzeln hervorrufen würde, greift man in Spielbach nach der Lektüre dankbar zum Bierglas und prostet dem unbekannten Lyriker schmunzelnd zu. Es ist halt alles irgendwie anders hier – und genau so soll es ja auch sein.

Natürlich gibt es Geschichten ohne Ende, die sich um diese Wirtschaft ranken – erst recht um den vor einigen Jahren verstorbenen Senior, der ein ganz besonders eigener hohenlohischer Kopf gewesen ist. Denn wenn ihm ein Gast – aus welchen Gründen auch immer – nicht gepasst hat, dann hat der von ihm auch nichts bekommen: kein Bier, kein Essen, kein gar Nichts – höchstens die

Aufforderung, sich möglichst rasch aus dem Staub zu machen und ja nicht wieder zu kommen! Selbst die Landesregierung von Baden-Württemberg hat sich einmal von ihm eine Abfuhr eingehandelt, als diese sein Bier für einen Staatsempfang ordern wollte und er sich geweigert hat, die »Politiker-Bagasch«, von der er sowieso keine gute Meinung hatte, auch noch mit seinem wunderbaren Bier zu beliefern. Sonst noch was!

Aber wehe, wenn in der näheren Umgebung ein Fest gefeiert worden ist und die Veranstalter kein Spielbacher Bier bestellt hatten. Dann konnte es durchaus passieren, dass sich der Gastwirt persönlich auf den Traktor gesetzt hat und in unmittelbarer Nähe des Festgeländes seine Wiese besonders sorgfältig mit Gülle getränkt hat... Das sind nur zwei von unendlich vielen (verbürgten) Begebenheiten, die sich um die Goldochsenbrauerei ranken. Und tagtäglich kommen neue dazu.

Vor allem im Dezember, denn da herrscht im Wirtshaus grundsätzlich Ausnahmezustand. Im Dezember ist nämlich Bockbierzeit und das bedeutet, dass die ohnehin immer schon gut besuchte Gaststube gleich nach dem Aufsperren um 18 Uhr bereits rammelvoll ist und kurz danach meistens auch noch der Festsaal im ersten Stock. Während der achtprozentige Gerstensaft fließt und fließt und fließt... Dazu gibt es eine Gans frisch aus dem Ofen, die nirgendwo so gut schmeckt, wie hier. Herz, was willst du mehr!

Aber irgendwann geht halt auch der schönste Abend leider zu Ende, beziehungsweise nichts mehr in den Gast hinein – und das heißt: Zeit, um zu Bezahlen. Im wahrsten Sinn des Wortes: Zeit. Denn das, was nun folgt, das ist ein ganz eigenes Ritual.

Hans Gehringer mit dem flüssigen Gold direkt vom Zapfhahn in Spielbach

Es beginnt zunächst beim Hans, der meistens hinter dem Tresen steht (manchmal ist es auch der Martin) mit der Frage, ob die Frau Unbehauen wohl gerade Zeit habe, um die Rechnung zu machen.

»Ich guck mal nach«, heißt es dann und meistens dauert es noch lange genug, um zwischendurch ein weiteres kleines Bier (oder auch zwei) zu konsumieren, bis die Antwort lautet, ja, man könne jetzt kommen, die Frau Unbehauen sei bereit für den Bezahlvorgang. Was wiederum bedeutet, dass man sich von seinem Tisch erhebt, um sich ins »Kabinettle« neben dem Tresen zu begeben, einem zur Hälfte abgeteilten Raum mit vielen Fotos an der Wand, die alle eine Flasche Spielbacher Bier zeigen. Wobei auf diesen Fotos vor allem der Hintergrund nicht uninteressant ist, denn jener beweist, dass die Spielbachfans ihr Lieblingsgetränk schon in aller Welt herumgezeigt haben: am Kreml in Moskau, bei den Pyramiden, auf der Golden Gate Brücke in San Francisco, in der ganzen Weltgeschichte eben …

Auf der einen Seite des Tisches im Kabinettle steht ein altes, durchgesessenes Sofa, auf der anderen Seite gibt es mehrere betagte Stühle, auf denen man fürs Bezahlen Platz nehmen kann. Dort sitzt eine schmächtige, grauhaarige Frau im Kittelschurz, vor sich auf dem Tisch ein uraltes Zigarrenschächtele und mustert den Gast mit hellwachen Augen. Die meisten ihrer Gäste kennt sie sowieso längst und wen sie nicht kennt, den wird sie gleich kennenlernen. Denn so schnell wird es immer noch nichts mit dem Bezahlen, erst wird sich jetzt einmal ausgiebig unterhalten. Nach dem Woher und Wohin wird erst einmal gefragt, wer man denn sei, wie man heiße, wie es denn so gehe – das ist der Frau Unbehauen sehr wichtig, denn, so sagt sie, sie wolle schon immer gerne wissen, wen sie in ihrem Haus so alles bewirte.

Dann – es war an Himmelfahrt – kommt die Frage des Gastes: weshalb es eigentlich immer nur an Himmelfahrt, nur an diesem einen einzigen Tag, in Spielbach einen Eierblooz gebe.
»Weil das halt so Tradition ist«, lautet die Antwort.
»Und warum ist das so?«
Kurzes, erstauntes Aufblicken, gefolgt von einem ebenso kurzen Schulterzucken: »Des weiß ich auch nicht. Aber es ist eben Tradition und ich will die Tradition nicht brechen. Das haben wir schon

immer so gemacht an Himmelfahrt und ich werde es weitermachen, solange ich kann.«
Eine schöne Antwort. Der gleich die nächste Frage folgt: »Ja und was genau ist nun drin in so einem Eierblooz – außer den Eiern?«
Die Antwort kommt wie aus der Pistole geschossen, flankiert von einem schelmischen Lächeln: »Des soog i net. Des is a Geheimnis!«
Aha …

Selbst in der Spielbacher Küche sei das Geheimnis strengstens bewahrt worden, denn es habe immer nur eine einzige Frau im Haus gegeben, die das genaue Rezept der Eierblooz-Zubereitung gekannt hat. Sie selbst, sagt die Brigitte Unbehauen mit einem schelmischen Augenzwinkern, habe es »von der Schwiegermutter abgeguckt«. Was freilich Jahre gedauert habe, bis sie den Dreh dann hundertprozentig raus hatte.

Ich habe es zwar ein weiteres Mal probiert – doch da war keine Chance, das Eierblooz-Geheimnis zu lüften. Nur soviel hat mir die Chefin noch verraten: Auch sie mache jeden Eierblooz (an Himmelfahrt sind das gut und gerne 30 – 40 Portionen) ausschließlich selber (Geheimnis eben) und man brauche dazu erstens »ganz frische Gaggelich, die man gründlich schaumig schlagen muss« und zweitens unbedingt ein ganz spezielles, heißes Feuer, mit ganz speziellen, kleinen Holzscheiten, für ein »schnelles Feuer« eben. Selbstredend benötige man dafür auch eine ganz spezielle Pfanne, ja im Grunde genommen sogar schon einen ganz speziellen Herd. Den »neuen« Herd, der nun auch schon ein paar Jahrzehnte in der Spielbacher Küche auf dem Buckel hat, den habe ihr verstorbener Mann seinerzeit nur unter der Bedingung gekauft, dass man an ihm verschieden große Eisenringe als Einsatz nutzen könne – wie das bei den ganz alten Herden früher ja immer der Fall war. Entweder mit Eisenringen oder gar nicht, das war die Vorgabe an den

Lieferanten: denn wie sonst sollte man so einen luftig-lockeren Eierblooz auf einem schnellen Feuer zustande bringen?

Aha! Ob bei der Zubereitung des Teigs womöglich Backpulver eine gewisse Rolle spielen würde? »Um Himmels Willen! Nein!« Aber mehr will sie nun wirklich nimmer verraten. Nur noch dieses: dass es den Eierblooz schon immer mit Kartoffelsalat als Beilage gegeben habe. Weshalb auch immer: Tradition halt.

Na gut – ich glaube dennoch, so ungefähr weiß ich, was außer den schätzungsweise fünf bis sechs Eiern noch so alles an Zutaten drin ist: etwas Milch, womöglich sogar noch ein kleines bisschen Mehl. Das stimmt doch so, Frau Unbehauen, nicht wahr? Oh jeh: jetzt sehe ich sie schon wieder ihr schelmisches Lächeln lächeln …

Also: dann müssen wir halt schicksalsergeben und demütig wieder ein ganzes Jahr lang warten, um an Himmelfahrt in Spielbach den nächsten original Geheimnis-gehüteten Eierblooz zu vertilgen.

Womit wir nun aber, nachdem ja alles andere gschwätzt ist, beim eigentlichen Bezahlvorgang angelangt wären, der üblicherweise mit der Frage eingeleitet wird: »Wos hemmern ghodd?« Nach einer weiteren guten Viertelstunde des schönsten Gesprächs, in dem das mit dem Bezahlen wieder mehr und mehr in den Hintergrund gerückt ist, denn mittlerweile haben sich noch andere Gäste dazu gesellt, die bereits geduldig in der Schlange gewartet haben und sich nun ebenfalls engagiert an der Unterhaltung beteiligen, stellt sich allmählich die nächste Frage: eventuell doch noch ein allerletztes kleines Bier für den Heimweg bestellen, um sich nicht durstig verabschieden müssen?

Das sind die Gewissensfragen in Spielbach! Aber vielleicht wäre es besser, den Platz im Kabinettle endlich für die anderen zahlungs-

willigen Gäste freizumachen, sich dafür aber sicherheitshalber noch mit einer Kiste Spielbacher Bier auszustatten, für die kommenden durstigen Tage. Die diesbezügliche Bestellung zieht freilich sofort eine weitere Gewissensfrage nach sich: »Einen leeren Kasten habens mitgebracht?«
»Leider nein!«
Kurzes, nachdenkliches Stirnrunzeln, begleitet von einem forschenden Blick aus den wachen Augen der Brigitte Unbehauen: »Aber bringens uns des Leergut dann auch wieder zurück?«
»Ja, Ehrenwort!«
»Na gut. Dann bekommens einen Kasten! Aber bringens ihn bitte wieder«

Was in mir unwillkürlich ein ähnlich dankbares Gefühl hervorruft, als seien Weihnachten und Ostern auf denselben Tag gefallen.

Möge das Bier in der Goldochsenwirtschaft noch lange aus dem Zapfhahn strömen und die Schnitzel in der Pfanne brutzeln!

Der Vollmondmetzger

Friedrich Hack vom Lindelberg

»Also so kann es ja einfach nimmer weitergehen, hab' ich mir damals gedacht. Immer nur Masse, Masse, Masse. Du rennst nur noch im Hamsterrad herum und kommst trotzdem auf keinen grünen Zweig. Und zufrieden kann man mit so einer Arbeit auch nicht sein. Das hat auf Dauer keine Zukunft.« Deshalb hat Friedrich Hack irgendwann die Reißleine gezogen und noch einmal ganz von vorne begonnen: Anstatt weiter als Bauer unzufrieden auf dem immer größeren Traktor zu sitzen und sich dort oben geradezu sprichwörtlich immer weiter von den Wurzeln einer nachhaltigen Landwirtschaft hinweg zu pflügen, hat er nun Metzger gelernt. Was natürlich sowieso keine schlechte Kombination ist: Landwirtschaftsmeister und gleichzeitig auch noch Metzgermeister.

So einem kann keiner mehr etwas vormachen in Sachen Aufzucht und Qualität. Und vor allen Dingen: sein neuer Beruf macht jetzt nicht nur Friedrich Hack so richtig Freude, sondern auch seinen zahlreichen Kunden, die von überall her auf den Lindelberg bei Windischenbach kommen, wo er seine handwerkliche Hofmetzgerei betreibt. Angesichts des Andrangs, der hier üblicherweise herrscht, sollte man fürs Einkaufen immer etwas mehr Zeit einrechnen, als das »normalerweise« der Fall ist. Aber man kann das ja mit einem kleinen Spaziergang hier oben verbinden, absolut empfehlenswert übrigens, denn die Sicht vom Lindelberg in die

Friedrich Hack

weite Landschaft ist allein schon ein Genuss. Was mir bei meinen Besuchen im Verkaufsraum übrigens immer wieder aufgefallen ist: viele Kunden bringen zum Einkaufen eigene Behälter mit und sparen damit eine ganze Menge Verpackungsmüll. Freiwillig. Auch das gehört hier unausgesprochen irgendwie mit dazu.

Die Hofmetzgerei auf dem Lindelberg ist eine der letzten, nicht nur in Baden-Württemberg, sondern erstaunlicherweise auch in Hohenlohe, das auf so eine große Metzgertradition zurückblicken kann. Denn die Hohenloher Metzger waren ja bekanntlich in ganz Europa – vor allem in England – berühmt für ihr Geschick und ihr Know How.

Ausgerechnet der im »Babyboomerjahr« 1964 geborene Friedrich Hack ist nun einer der ganz wenigen, die von dieser stolzen Tradition noch übrig geblieben sind. Dabei lässt er sich freilich nicht vom Gestrigen in enge Grenzen quetschen, nach dem Motto: einfach immer weiterwursteln, sondern der Metzger vom Lindelberg hat unendlich viele Ideen und entwickelt unablässig neue Produkte. Das alles in einer bestechenden Qualität, die sich als echtes Geschmackserlebnis auf der Zunge präsentiert und von seinen Kunden auch dementsprechend hoch geschätzt wird. Wie sonst würden die Leute die verschlungenen, steilen Anfahrtswege durch die Weinberge hoch auf den Lindelberg in Angriff nehmen, wenn sie dort oben nicht etwas ganz Besonderes erwarten könnten. Hier ist es zwar idyllisch schön und die Aussicht weit hinein nach Hohenlohe und in den Schwäbischen Wald ist, wie gerade erwähnt, ein einziger Traum, aber im Winter bei Glatteis ist das eben auch eine Herausforderung. Da muss man schon besonders gut sein, wenn man die Kunden trotzdem an sich binden will. Und wenn es nach dem Kundenzuspruch geht, ist der Metzgermeister Hack mit seinen Produkten eindeutig vorne dran. Sehr weit vorne sogar.

Unzählige Male ist er ausgezeichnet worden für seine Spezialitäten, die gar nicht unbedingt Bio sein müssen, »eine artgerechte Haltung der Tiere und eine gute handwerkliche Qualität bei der Verarbeitung, das ist eigentlich Bio genug« meint Hack, der schon »wegen der ganzen bürokratischen Aufschreiberei und Nachweiserei« dankend auf das Biosiegel verzichtet. Dafür ist er aber Mitglied bei Slow-Food. »Mit so einem Genusshandwerker passt das hundertprozentig zusammen«, meint daher der Slow-Food-Hohenlohe Vorsitzende Bernulf Schlauch, um voller Überzeugung noch hinzuzufügen: »Der Hack ist inzwischen der beste Metzger von ganz Hohenlohe. Eben weil er nicht nur – aber auch (!) – die gute alte Tradition bei uns bewahrt, sondern permanent auf der Suche nach neuen Kreationen ist und dabei grundsätzlich erst dann mit sich und seinem Produkt zufrieden ist, wenn er eine absolute Top-Qualität anbieten kann.«

So eine Qualität setzt natürlich einiges voraus: zunächst mal sollte man nach Überzeugung von Friedrich Hack die Bauern, von denen man seine Tiere bezieht, unbedingt persönlich kennen und sich auch selber davon überzeugen, dass hier artgerecht gearbeitet wird. Ein wichtiger Faktor ist außerdem die Stressvermeidung beim Schlachten, weshalb Hack die Tiere schon freitags beim Bauern abholt, damit sie sich bis zum montäglichen Schlachttag in einem offenen, hellen Wartestall auf dem Lindelberg langsam eingewöhnen können. Ganz Abgesehen von den ethischen Aspekten hat diese Art des Umgangs mit den Tieren noch einen weiteren, ganz entscheidenden Vorteil: »Man schmeckt es, wenn das Tier keinen Stress gehabt hat. So ein Fleisch schmeckt eindeutig besser!«

Das ist nicht bloß eine Behauptung, sondern schlichtweg eine Tatsache, erst recht, wenn die Feststellung aus dem Mund eines geprüften Fleischsommeliers kommt. Und genau ein solcher Experte ist Friedrich Hack inzwischen auch noch. Natürlich ist es bei »so einem« undenkbar, dass Geschmacksverstärker oder Fertiggewürzmischungen »Marke 08/15« in die Wurst hinein kommen. Das ist ganz und gar ausgeschlossen: alle Gewürze werden auf dem Lindelberg grundsätzlich selber gemischt. Was sich vor allem bei der Hohenloher Bratwurst höchst überzeugend schmecken lässt: seitdem ich (und als bekennender Bratwurstfan habe ich in dieser Hinsicht wirklich eine gewisse Erfahrung) zum ersten Mal eine perfekt gegrillte Hack-Bratwurst genossen habe, weiß ich, wie himmlisch eine handwerklich gut gemachte Bratwurst tatsächlich schmecken kann. Mein Problem ist nur: es gibt so wenige Bratwurstmacher, die es genauso draufhaben. Die Unterschiede sind gigantisch. Leider!

Eine weitere Spezialität bei der Hack'schen Hofmetzgerei ist das Naturrauchhaus auf dem Lindelberg. Das ist nämlich, wie sich schon am äußeren Erscheinungsbild erkennen lässt, nicht eine x-beliebige Räucherei: allein das Häusle ist ein echter Hingucker und komplett aus biologischen Baumaterialien gebaut worden. Der ganz besondere Clou dabei: die eigentliche Räucherstelle liegt zehn Meter entfernt. Der Rauch wird von dort durch ein unterirdisches Rohr zu den Schinken und dem Speck im Rauchhaus geleitet. Was das soll? »Auf dem Weg ins Rauchhaus wird der heiße Rauch dadurch stark abgekühlt, die unerwünschten Rauchstoffe lagern sich ab und nur die zarten Aromen gelangen auf die Räucherware, die damit einen ganz besonders feinen Geschmack abbekommt.« Stimmt tatsächlich! Das Resultat ist ein vollkommen neuartiges Rauchfleischerlebnis, das die Geschmacksknospen auf der Zunge regelrecht streichelt.

Und dann ist da noch so ein Clou, mit dem der Metzger vom Lindelberg gewaltig punktet: Seine Vollmond-Salami. Das mag man nun als Spinnerei abtun oder auch nicht – Tatsache ist, dass Friedrich Hack felsenfest davon überzeugt ist, einen viel kräftigeren und runderen Geschmack in die Salami hinein zu bekommen, wenn er diese in einer Vollmondnacht herstellt. »Denn in solchen Nächten ist deutlich mehr Energie vorhanden, als sonst – und das ist keine esoterische Schwafelei, sondern ein uralter Erfahrungsschatz, den unsere Altvorderen noch gekannt und genutzt haben. Denken Sie doch nur einmal an unsere alten Bauernregeln! Die kommen ja schließlich nicht von ungefähr!« Wer's jetzt immer noch nicht glauben mag: einfach mal hinfahren und die Vollmondsalami probieren!

Und was steht als nächstes auf der Agenda? »Zurück zu den bäuerlichen Wurzeln!« Inzwischen besitzt Hack nämlich eine eigene Rinderherde: rund 80 Tiere, die er bei einem Landwirt, der sich eigentlich bereits zur Ruhe gesetzt hatte, »in Pension gestellt« hat. Auch der war nach vielen Jahren zu dem bitteren Schluss gekommen, dass sich die »moderne Landwirtschaft« in eine Sackgasse manövriert hat und deshalb sollte jetzt der Schlussstrich gesetzt werden. Aber dann kam da der Metzger Hack mit seiner Anfrage dazwischen. Man kannte sich ja schon seit langem und Hack wusste: »Der wirtschaftet genau so, wie ich das gut finde: Klasse statt Masse!« Weshalb sich nun beide über ihre wunderbare Rinderherde freuen dürfen und im einen Fall der Ruhestand noch für ein paar Jährchen aufgeschoben worden ist, während im anderen Fall bereits die nächsten Raffinessen in Sachen Premium-Rindfleisch ausgeheckt werden.

Es wird so schnell nicht langweilig werden auf dem Lindelberg – nicht für den Metzgermeister Friedrich Hack und auch nicht für seine Kunden!

Reinhold Schneider im Rosenhof Taubertal

Der Rosenkavalier

Reinhold Schneider und sein Rosenhof Taubertal

Ja, es stimmt tatsächlich: im Sommer, während der Zeit der Rosenblüte, schenkt Reinhold Schneider seiner Frau jeden Tag einen Rosenstrauß. Und zwar einen richtig schönen, großen Strauß. Was für ein Luxus! Dass sich der Mann das leisten kann! Reinhold Schneider kann. Und er gönnt sich diesen Luxus gern, denn er ist schließlich der Besitzer des Rosenhofs Taubertal in Creglingen. Da gibt es logischerweise Rosen ohne Ende! Mehr als 1.000 Rosensträucher und mehr als 150 verschiedene Sorten. Alle übrigens in Demeterqualität. Rosen, die freilich nicht dafür gezüchtet werden, als Strauß in einer Vase zu enden. Im Rosenhof geht es nämlich in allererster Linie um die Blütenblätter. Beziehungsweise darum, was man damit machen kann. Das ist eine ganze Menge.

Aber der Reihe nach. Ursprünglich stammt Reinhold Schneider von einem Bauernhof. Er hat Landwirt gelernt – und auch er hat im Lauf der Jahre gemerkt, wie sich die moderne Landwirtschaft immer mehr von der Natur entfernt hat und wie der Umgang mit Pflanzen, Tieren und der Erde ein ganz anderer geworden ist. Das war jetzt aber nicht mehr die Landwirtschaft, die er betreiben wollte. Aus diesem Grund hat er schon früh umgestellt und sein Gemüse bereits im Jahr 1986 biologisch-dynamisch angebaut, dazu Wild- und Heilkräuter, Obsthochstämme und Heu. Ja: Heu. Dieses

Heu war von einer so vorzüglichen Qualität, dass er es bis nach Berlin geliefert hat. Die Elefanten des Berliner Zoos haben sich das wunderbare Heu aus dem Taubertal viele Jahre lang begeistert schmecken lassen. Und das natürlich gleich tonnenweise.

Seine Heilkräuter hat er schon in dieser Zeit (und heute immer noch) frisch an die Firmen »Wala« und »Weleda« geliefert, die daraus hochwertige Kosmetikartikel und Cremes herstellen. Im Jahr 1996 ging es dann den entscheidenden Schritt weiter, als Reinhold Schneider nämlich eher zufällig an einer Wildrose geschnuppert hatte (der »Rosa Rubiginosa«) – und schlagartig war es um ihn geschehen! Was für ein herrlicher Duft: nach Apfel, Zitrus, Orange und und und! Eine regelrechte Explosion der Aromen! Daraus müsste sich doch eigentlich etwas ganz Wunderbares machen lassen – und so begann Reinhold Schneider, zu experimentieren. Erst nur für den familiären Hausgebrauch, dann aber hat sich rasch herumgesprochen, was da bei den Schneiders so alles mit den Rosenblättern erfolgreich veredelt worden ist – ob Rosenmarmelade, Rosenessig oder Rosensaft (gemischt mit Apfelsaft): der Anfang war gemacht. Und seitdem finden die Rosenblüten nicht nur bei den Herstellern von Naturkosmetik einen begeisterten Abnehmerkreis.

Eines ist neben dem sorgsamen Umgang mit den Rosenspezialitäten aber ganz besonders wichtig, wenn man beste Resultate erzielen will: man muss sehr früh aufstehen. Denn wer das volle Aroma ernten und die wertvollen ätherischen Öle der Rosenblätter gewinnen will, der muss seinen Tag zeitig beginnen. Morgens um 6 Uhr geht es los. Taufrisch müssen die Blüten geerntet und verarbeitet werden, damit sich die ätherischen Öle nicht verflüchtigen. Langschläfer sind hier also eher fehl am Platz.

Natürlich hat Reinhold Schneider seine Heilkräuter weiter im Sortiment beibehalten, aber längst liegt der Schwerpunkt bei der Züchtung und beim Anbau geeigneter Wildrosenarten, deshalb ja auch der Name »Rosenhof«. Genau gesagt sind es vier »Ur-Arten«, aus denen die 150 Sorten heraus kultiviert worden sind, die heute im Rosenhof Taubertal eine Rolle spielen: »Rosa damascena«, »Rosa alba«, »Rosa gallica« und Rosa centifolia«. Jahrelang hat Reinhold Schneider dabei in Universitätsbibliotheken und Privatsammlungen recherchiert, um seine Kenntnisse in Sachen Rosen weiter zu vertiefen. Kein Wunder, dass der Rosenkavalier aus dem Taubertal längst als Experte in weitem Umkreis gefragt ist.

Natürlich lernt man nie im Leben aus. Zumindest nicht, wenn man wissbegierig ist. Und erst recht nicht, wenn man mit einer solchen Begeisterung bei der Sache ist, wie Reinhold Schneider. Unermüdlich experimentiert er mit neuen Verwendungsmöglichkeiten für seine Rosen und wen wundert es, dass immer wieder etwas Neues in seiner Produktpalette auftaucht. Wie wäre es beispielsweise mit Rosentrüffeln, einem Weinbergrosen-Geist, einem Rosenlikör, oder soll es doch lieber ein Rosengelee sein? Eventuell vielleicht sogar ein Rosenblütenjoghurt? Den stellt nämlich die Demeter-Molkerei in Schrozberg mit Demeterrosen vom Taubertäler Rosenhof her. Und auch der Hohenloher »Holunderzauberer« Bernulf Schlauch hat seit einigen Jahren einen Rosensekt in seinem Angebot, natürlich mit Demeter-Rosenblüten aus Creglingen und gekeltert nach dem Champagnerverfahren. Viel exklusiver geht es kaum noch. Kein Wunder, dass jedes Jahr mehr Flaschen von seinen begeisterten Kunden genossen werden. Aber wer diesen ganz speziellen Sekt schon einmal gekostet hat, der wundert sich darüber kein bisschen.

Auch ein Ausflug zum Rosenhof nach Creglingen ist sicherlich nicht der schlechteste Tipp, den man geben kann. Aber vorher bitte einen Termin vereinbaren, denn gerade in der Blütezeit ist logischerweise Hochsaison bei den Schneiders. Oder am besten buchen sie gleich ein Rosenseminar, bei dem dann ein ganzes Wochenende lang die Rose, ihr Anbau und ihre Verwendungsmöglichkeiten im Mittelpunkt stehen. Um dann, als krönender Abschluss, am Abend im Gasthaus »Zum Hirschen« in Creglingen einzukehren, wo spezielle Rosenmenüs auf der Speisekarte stehen. Wie wäre es hier zum Beispiel vorneweg mit Rosenkalbsfond zu Rinderrosenklößchen, als Hauptgang dann mit einem Rindertafelspitz in Rosensaft samt Rosenblüten und als Dessert ein Rosenparfait? Alles natürlich zubereitet mit den Demeter-Rosen vom Rosenhof.

Und zum Ausklang dann noch ein (oder eventuell auch zwei) Gläser Demeter-Rosensekt.

Perfekt!

Ein Phönix aus der Asche

Die Wiederentdeckung des Tauberschwarz

Das Todesurteil war längst gesprochen und so hatten sich die Häcker im Taubertal also aufgemacht, um die Wurzeln der letzten, noch in ihren Weingärten verbliebenen Stöcke der alten Rebsorte »Tauberschwarz« heraus zu hauen.

Der Grund dafür lagerte schon seit viel zu vielen Jahren unberührt in den Weinfässern in ihren Kellern: der unverkäuflich gewordene »Tauberschwarz«. Seit Anfang der 70er Jahre des 20. Jahrhunderts tendierte der Absatz des »Tauberschwarz« nämlich gegen Null. Kein Mensch wollte diesen Wein mehr trinken, womit sich die unheilvolle Spirale zu drehen begann: keine Nachfrage mehr, kein Absatz, folglich auch kein Erlös. Nur Kosten. Natürlich konnte das so nicht weiter gehen, wollte man nicht den Ruin erleiden. Andere, von der Kundschaft besser geschätzte Sorten, mussten dringend angepflanzt werden. Und so hatte das Sterbeglöcklein also bereits zu vernehmlich läuten begonnen, als sich wirklich und wahrhaftig in allerletzter Minute doch noch die nicht mehr für möglich gehaltene Wende einstellte. Das Weinwunder vom Taubertal konnte beginnen …

… und zwar in einem ganz besonders strengen Winter Ende der 70er Jahre mit Temperaturen von deutlich unter minus 20 Grad. In den meisten Reblagen waren dabei alle Rebstöcke erfroren. Eine Katastrophe! Es würde Jahre dauern, bis man sich von diesem

Schlag wirtschaftlich erholt hatte, denn bekanntlich dauert es drei Jahre, bevor ein Rebstock erstmals (einigermaßen) in Ertrag kommt. Aber was sollte man jetzt tun? Weiter dieselben, doch gerade eben erst jämmerlich erfrorenen Sorten anpflanzen und sich damit wiederum demselben Risiko aussetzen? Es schien keine andere Wahl zu geben. Doch halt: im hintersten Winkel der für das Taubertal so typischen Steinriegel ergrünten im Frühjahr trotz des strengen Frostes einige schwer vernachlässigte, uralte Rebstöcke, denen schon lange niemand mehr Beachtung geschenkt hatte. Aber hallo! Was war denn das für eine Rebsorte, die dem Väterchen Frost so trotzig und offenkundig erfolgreich Paroli geboten hatte? Die Antwort kennen Sie: es war der gute, alte »Tauberschwarz«.

Ausgerechnet jener Wein, der längst aus der Mode gekommen war, weil man ihn in ungünstigen Lagen, viel zu dicht und ohne den bei dieser Sorte dringend erforderlichen, strengen Anschnitt angebaut und somit seinen Ruf restlos ruiniert hatte (wie man es ja leider auch bei der eigentlich wunderbaren Sorte Kerner nicht minder »erfolgreich« exerziert hat). Aber jetzt … hatte doch ausgerechnet der »Tauberschwarz« gezeigt, was in Wahrheit in ihm steckte. Als einziger hatte er den strengsten Frost überlebt! Das hat sich unter den Winzern im Taubertal herumgesprochen, wie ein Lauffeuer.

»Den müssen wir unbedingt erhalten«, lautete plötzlich die neue Devise und die bereits erhobenen Hacken wurden wieder in die Weinberghäuschen zurück gebracht.

Selbst die Experten von der Weinbauschule waren nun mit einem Mal auf den Tauberschwarz aufmerksam geworden. Und siehe da: schon galt ausgerechnet diese »unmoderne« Rebsorte neuerdings als »hochinteressante Varietät« – vor allem im Hinblick auf ihr genetisches Potential. Denn wenn sich die Frostbeständigkeit des »Tauberschwarz« in andere Sorten einkreuzen ließe, dann wäre das ja schon ein Riesenfortschritt! Findige Köpfe gingen sogar noch einen Schritt weiter: warum diese erstaunliche Lokalsorte im Rahmen der Erhaltungszüchtung nicht gleich auch qualitativ weiter entwickeln?

Genau so wurde es gemacht – und mit einem Mal war auch die Geschichte des »Tauberschwarz« wieder interessant geworden. Genauso wie die Frage, woher der eigentümliche Name stammt, wer ihn erstmals angebaut hat und so weiter…

Also der Reihe nach: klar ist inzwischen, dass der »Tauberschwarz« mindestens 450 Jahre alt sein muss, denn es ist belegt, dass schon der Graf Wolfgang von Hohenlohe um das Jahr 1559 in seinen Weingärten bei Weikersheim eine damals noch namenlose Rebsorte hat anbauen lassen. Die Sorte erfreute sich rasch einer wachsenden Beliebtheit und so haben auch viele andere im Taubertal diesen einfachen, ehrlichen Wein an- und ausgebaut. Weil man in jenen Jahren aber eher auf Menge, denn auf Qualität Wert gelegt hat, schaffte es das Endprodukt grade mal zu einem ziemlich blässlichen Hellrot. Von dunkel oder gar schwarz also keine Spur! Weshalb dann aber später der Graf Carl-Ludwig von Hohenlohe-Weikersheim so einer eher farbschwachen Rebsorte nachweislich im Jahr 1726 ausgerechnet den Namen »Tauberschwarz« verpasst hat, das ist und bleibt ein einziges Rätsel. Wer weiß, vielleicht hatte es der Graf sogar spöttisch gemeint … Doch wie auch immer: die Hochzeit des »Tauberschwarz« im Taubertal hatte begonnen und hielt gut und gerne 200 Jahre an – bis zu seinem dramatischen Niedergang am Ende des 20. Jahrhunderts. Und wenn da nicht der (in diesem Fall rettende) Frost gekommen wäre, dann gäbs heutzutage gar keinen »Tauberschwarz« mehr.

Zwischenzeitlich wissen die Häcker aber auch wesentlich besser, wie der pflegebedürftige »Tauberschwarz« umsorgt werden will: er braucht nun mal eine besonders strenge Ertragsbegrenzung, dazu eine recht lange Lagerzeit im Keller (zwei Jahre sind keinesfalls ein Fehler) – und siehe da: das Ergebnis ist ein tatsächlich dunkelroter Wein mit ordentlichem Aroma und Geschmack. Ziemlich anders, als viele seiner Konkurrenzweine, kommt er außerdem noch daher.

Sicherlich – das soll schon eingestanden sein – der »Tauberschwarz« wird auch bei einem noch so sorgfältigem Umgang nie zu einem dieser ganz großen Spitzenweine heran reifen, der es womöglich gar mit den Tophits der internationalen Weinszene aufnehmen kann, dafür ist er aber ein grundehrlicher und bestens trinkbarer Schoppenwein – dazu noch einzigartig in der ganzen Welt. Nur im Taubertal und in der einen oder anderen Hohenloher Weinlage wird er angebaut, also genau dort, wo er als »autochtone Rebsorte« ja auch hin gehört. Es ist ein kleines, aber ehrenvolles Fleckchen auf der weltweiten Weinkarte für ihn reserviert – selbst wenn es sich im Vergleich zu den fränkischen Hauptsorten Sylvaner und Müller-Thurgau nur um wenige Hektar handelt. Klein aber fein – und selten: das hat inzwischen auch die Genießervereinigung »slow food« gewürdigt, die den »Tauberschwarz« in ihre »Arche des Geschmacks« aufgenommen hat. Als eines von unzähligen, winzig kleinen Mosaiksteinchen, die es in ihrer faszinierenden Gesamtheit schaffen, uns erfolgreich genauso die biologische wie auch die geschmackliche Vielfalt zu bewahren. Na dann: auf Ihr Wohl beim nächsten Gläschen »Tauberschwarz« – oder womöglich gar dem übernächsten!

»Stell a Kerza in dei Fenschder«

Annaweech, Molle, Astro-Alex und die Weinstube

Sie sind Kult: das passt auf die Musikgruppe »Annaweech« genauso wie auf »Winklers Weinstube« in Forchtenberg oder auf die »Goldochsen«-Wirtschaft in Spielbach. Wenn es sie nicht gäbe, dann müsste man sie erfinden. Denn sonst würde gewaltig was fehlen in Hohenlohe.

In Sachen »Winklers« und Spielbach halt bloß mit dem Unterschied, dass es bei den einen anstelle von selbergebrautem Bier eben eigenen Wein gibt und dass die einen (Spielbach) im östlichen Hohenlohe zu finden sind, während die anderen (Winklers) eher im Westen angesiedelt sind. Beide jedenfalls sind absolute hohenlohische Highlights, wunderbare Wirtschaften, wo begeistert der hohenlohische Dialekt gepflegt wird, wo man am Tisch gerne eng zusammenrückt, um miteinander ins Gespräch zu kommen, ob man den Slang jetzt versteht oder nicht (und den versteht auch ein Nicht-Hohenloher nach dem zweiten Viertele dann doch schon einigermaßen – irgendwie halt …) und wo die Wirtsleute selber bereits Kult sind.

Wobei: mit dem Zusammenrücken ist es bei der kleinen Weinstube in Forchtenberg mit ihren grade mal 38 Plätzen (gemäß ihrem Motto »Klein aber Wein«) so eine ganz spezielle Sache. Denn erstens ist die Gaststube selbst an ganz normalen Werktagen immer gut gefüllt (Aber Achtung: geöffnet wird werktags nicht vor 18 Uhr und der Mittwoch ist grundsätzlich ein Ruhetag! Dieser Mittwoch ist übrigens der Haupt-Unterschied zu Spielbach, wo es ja bekanntlich keinen Ruhetag gibt, wo aber auch erst um 18 Uhr aufgesperrt wird) und zweitens sorgt der Wirt, Molle Winkler, aufmerksam dafür, dass sich kein Gast einsam fühlen muss, sondern sich sofort in einer Unterhaltung mit anderen, gesprächsfreudigen Zeitgenossen am Tisch wieder findet. Denn wenn da ein oder zwei Neuankömmlinge bei ihm hereinschneien und sich sofort an den noch einzigen freien Tisch setzen wollen, auf dem freilich unübersehbar ein kleiner Aufsteller mit dem Schriftzug »Reserviert« zu entdecken ist, werden sie vom Molle freundlich-bestimmt an den vollständig mit Tellern bedeckten Nebentisch geführt, an dem man mit einiger Phantasie und Zusammenrücken dann aber schon noch irgendwie zwei weitere Gäste unterbringen kann. Und siehe da: ehe man sichs versieht, ist man schon ins schönste hohenlohische Gespräch über Gott und die Welt verwickelt und merkt dabei kaum, wie die Zeit vergeht. Der Tisch nebendran, mit dem kleinen »Reserviert«-Schildchen drauf, bleibt freilich den ganzen Abend leer. Alles eine Frage der Molle-Taktik. Denn wer will schon seine Gäste einsam und sprachlos in die Gläser starren lassen, wo doch zur Freude des Wirts am Tisch daneben die Unterhaltung bestens in Fahrt gekommen ist.

Also wie gesagt: die Weinstube Winkler ist längst eine Hohenloher Institution und dazu tragen als Hauptdarsteller natürlich Sigrid und Frank »Molle« Winkler bei, die seit über 30 Jahren ihre Weinstube, die sie einst von Molles Eltern übernommen haben, mit viel Engagement und Herzblut betreiben. Kaum zu glauben, dass hier in den 60er Jahren anstelle der Wirtschaft eigentlich ein Friseursalon hätte reinkommen sollen, denn Molles Mutter war Friseurin. Denn wenn es so gekommen wäre, dann würde der Molle heute den Figaro geben – aber wie das Schicksal halt manchmal so spielt, ist es ganz anders gegangen. Zum guten Glück, denn die große Frage wäre dann ja gewesen: wohin mit dem Wein aus dem eigenen Wengert? Schlecht vorstellbar, dass der im Friseursalon quasi so nebenbei beim Haareschneiden hätte ausgeschenkt werden können. Obwohl … beim Molle weiß man nie.

Dass es nicht so gekommen ist, hat ganz offenkundig einen entscheidenden Vorzug, denn wo sonst würde man als Gast noch diese nostalgisch-zeitlosen Dauerbrenner wie »Toast Hawaii« (also den mit Ananas) verspeisen können, Kuttelsuppe, Schwartenmagensalat oder gar Blutwurstmaultaschen mit Sauerkraut? Dazu ein (oder zwei) Krügle vom Hauswein aus dem eigenen Wengert: Herz, was willst du eigentlich mehr?!

Annawech auf Tour

Kein Wunder, dass man irgendwann erstaunt auf die Uhr guckt und denkt: das kann doch eigentlich gar nicht sein! Beinahe schon Mitternacht und die Zeit ist wie im Flug vergangen. Also schnell bezahlen und dann nichts wie ab ins Bett! Von wegen! Denn wer in »Winklers Weinstube« so denkt, hat die Rechnung ohne den Wirt gemacht. Der muss nämlich a) erst einmal Zeit haben zum Kassieren und sich b) von einer der anderen Gesprächsrunden, bei er sich in schöner Regelmäßigkeit dazusetzt, loseisen. Und das kann dauern… Mindestens genauso lange, wie später die eigentliche Bezahlprozedur. Schließlich sollte man jetzt ja auch erst noch ein bisschen miteinander Schwätzen, ob das Essen gut war (und der Wein hoffentlich auch?), über das Woher und Wohin, über Gott und die Welt – es ist fast so, wie im »Kabinettle« von der Frau Unbehauen in Spielbach. Kein Wunder, dass der Molle praktisch nie vor halb drei Uhr in der Nacht ins Bett kommt. Ein Tagesablauf, der einen voll und ganz ausfüllt und fordert. Das ist auch der Grund, weshalb er seinen Weinberg inzwischen vom jungen Wengerter Ferdinand Fröscher aus Forchtenberg bearbeiten lässt, denn alles und jedes machen, das geht halt nicht. Vor allem dann nicht, wenn man, wie der Molle, ja auch noch ein Bandleader ist. Und zwar nicht von irgendeiner Musikgruppe. Sondern von der Hohenloher Kultband »Annaweech«.

Genau deswegen ist am Mittwoch grundsätzlich Ruhetag bei den Winklers in der Weinstube. Denn der Mittwoch ist fest für »Annaweech« reserviert. Für Proben, Besprechungen und Auftritte und so weiter. Sie ist ein echtes Phänomen, diese Gruppe mit ihren fünf Mitgliedern Molle (Gesang und Gitarre), Frett (Schlagzeug), Gassi (Keyboard), Boudsch (Gesang, Gitarre) und Harry (Bass). Im Grunde genommen sind sie zu Beginn ziemlich ahnungslos in ihre Kultkarriere hineingestolpert. Und das kam so: eigentlich war da nämlich eine Tanzband gewesen, die »Freetime Schwoofband«, die sich Mitte der 90er Jahre auflösen wollte, weil der Bassist fortgezogen ist und die übrigen Bandmitglieder der Meinung waren, dass sie so langsam in ein Alter kämen, wo man auch nicht mehr unbedingt als jugendlicher Held von der Bühne herunter die großen Massen zum Tanzen animieren könne. Ok, zum Abschied vielleicht noch eine CD aufnehmen, das wäre dann eigentlich ein feiner Schlussakkord. Aber was sollte da drauf? Einfach irgendwelche internationalen Schlager nachspielen, das war irgendwie doch nicht so der ganz große Hit. Was aber sonst?

Mit der Zeit reifte die rettende Idee heran: Wie wäre es, wenn wir englische Songs ins Hohenlohische übersetzen würden? Beispielsweise »Candle in the wind« von Elton John, das auf hohenlohisch am besten mit »Stell a Kerza in dei Fenschder« betitelt werden könnte? Und siehe da: Es hat geklappt! Gleich die erste CD »un sunscht?« war ein ordentlicher Erfolg. Sogar das Radio hat sie gespielt. Also war allen Beteiligten klar: so können wir jetzt aber nicht aufhören. Allerdings musste ein anderer Bandname her, weil ja der Bassist die Gruppe verlassen hatte. Und die übrig gebliebenen Mitglieder aber trotzdem weitergemacht haben. Annweech halt. Bingo! Damit war, sozusagen mitten im Satz, plötzlich der neue Bandname aus der Taufe gehoben und Annaweech haben die Hohenloher Szene von nun an so richtig gerockt mit ihren »lieaderlich, überzwerchen« Texten, mal fröhlich, mal nachdenklich, das Ganze klanglich wunderbar verpackt als Blues, Ballade oder Rock. Und einen »richtigen« Bassisten haben sie mit Harry natürlich längst auch wieder.

Von den Hinterzimmern und Minibühnen mit 50 bis 100 Besuchern ging es ziemlich schnell in die großen Hallen mit 1.000 und noch viel mehr ZuhörerInnen: »Es gibt wohl kaum eine Veranstaltungshalle in Hohenlohe, in der wir nicht gespielt haben«, kann der Molle mittlerweile stolz bilanzieren. 9 CDs mit 137 eigenen Songs sind inzwischen erschienen – insgesamt 8 Stunden und 6 Minuten

Annaweech-Originalmusik. Natürlich kommt da in Zukunft noch einiges mehr. Längst sind die Annaweech-Konzerte in Hohenlohe ruck-zuck ausverkauft, überall zwischen Mergentheim und Crailsheim sind die fünf im wahrsten Sinn des Wortes der absolute Hit. Und dennoch haben sie nie abgehoben, sondern sind schön mit beiden Beinen auf dem Hohenloher Boden stehen geblieben, weswegen beispielsweise das Equipment (und da kommt schon ganz schön was zusammen) auch von den Bandmitgliedern nach wie vor eigenhändig auf- und abgebaut wird.

Weshalb sie eigentlich immer bloß in Hohenlohe auftreten würden, wird der Molle des öfteren gefragt. »Ganz einfach: weil uns außerhalb von Hohenlohe keiner versteht. Gut …«, setzt er nach kurzem Überlegen noch hinzu, »Eine US-Tournee könnten wir vielleicht schon mal machen. Wir müssten vorher halt sagen, das sei Kisuaheli, dann würde das eventuell klappen.«

So ganz stimmt die Sache mit den Auftritten »bloß in Hohenlohe« freilich nimmer: im Februar 2019 ist Annaweech sogar in Moskau aufgetreten! Ja! In Moskau: dort hat die Deutsche Botschaft nämlich einen Empfang für den Astro-Alex gegeben, für den ESA-Wissenschaftsastronauten Alexander Gerst aus Künzelsau. Mit dem ist der Molle schon seit vielen Jahren befreundet – und deshalb war es auch Ehrensache, dass ihn der Alex zu seinem zweiten Start zur Raumfähre ISS am 6. Juni 2018 ins Kosmodrom nach Baikonur eingeladen hat, um den Abflug ins Weltall persönlich direkt vor Ort mitverfolgen zu können. »Das war ein Erlebnis, das man niemals mehr vergisst!« Und schon damals hat der Molle beim Abheben der Rakete aus dem Stegreif wieder den Titel gesungen, den sie 2014 extra für Alexander Gerst anlässlich von dessen erstem Weltraumaufenthalt komponiert hatten: das Lied vom »Mr. Cool«. Auf hohenlohisch natürlich.

Gute Wünsche kurz vor dem Raketenstart in Baikonur: Molle und Alexander Gerst

Eigentlich – so war der Plan – wollten sie bereits nach der Rückkehr der ISS Astronauten beim offiziellen Empfang durch die russische Weltraumorganisation »Roskosmos« spielen, »doch das Zeitfenster für unseren Auftritt hätte gerade mal zwei Minuten betragen. Das haben wir dann lieber sein gelassen«. Dafür aber wurde mit dem Deutschen Botschafter, den der Molle im Jahr zuvor beim »Kongress der Weltmarktführer in Schwäbisch Hall« getroffen hatte, ein Auftritt beim Empfang der Deutschen Botschaft in Moskau vereinbart. Streng geheim natürlich. Ohne dass es der Astro-Alex wissen durfte. Der hat es dann zwar irgendwie doch vorher rausgekriegt, sich aber annaweech herzlich gefreut, als er seine Freunde aus Hohenlohe da auf der Bühne hat stehen sehen. Und natürlich haben sie ihrem Alex zu Ehren dann auch wieder sein Lied gespielt, den »Mr. Cool«. Sogar auf Englisch – denn nicht alle in Moskau können schließlich fließend hohenlohisch.

Es war eine gigantische Party – und ganz sicher nicht die letzte, auf der Molle für seinen Astro-Alex den »Mr. Cool« besingen wird. Dann natürlich wieder auf Hohenlohisch. Schön, dass auch diese zwei trotz ihrer Erfolge immer fest mit beiden Beinen auf dem Boden geblieben sind. Was sich freilich bei einem Musiker etwas weniger komisch anhört, als bei einem Astronauten.

Der letzte Mohikaner II

Bernulf Schlauch, Holunderzauberer aus Bächlingen

Wenn er das liest, dann wird er (wieder mal) kopfschüttelnd brummeln: »Was soll der Quatsch?!« Ich glaube, er wäre eher der Meinung gewesen, dass ich nichts über ihn schreiben dürfe, wenn ich ihn gefragt hätte – habe ich deshalb also lieber erst gar nicht gemacht …

Dabei kennen wir uns schon eine ganze Weile – seit damals, als meine Frau eines Tages von einer Fernsehreportage über Hohenlohe nach Hause gekommen ist und gemeint hat: »Du, ich habe da im Jagsttal einen getroffen, der redet von genau denselben Sachen, wie Du – den treiben genau dieselben Themen um! Das ist auch so ein Journalist, dem es manchmal den Magen umdreht, wenn er diese weichgespülten Artikel in den Zeitungen lesen muss!«

Kurz danach haben wir uns am Telefon unterhalten – eigentlich sollte es nicht lange dauern, doch dann ist ein stundenlanges Gespräch daraus geworden – und wenig später haben wir uns in Bächlingen getroffen. Kennen Sie das auch: man begegnet jemandem zum ersten Mal und hat dennoch so ein Gefühl, als kenne man den (oder die) schon seit gefühlten 100 Jahren! Genauso war es in diesem Fall – und seitdem passt kein Fitzelchen Papier zwischen uns. Meistens.

Die Rede ist von Bernulf Schlauch, dem jüngsten der drei Schlauch-Brüder aus Bächlingen, von denen jeder für sich auf einen interessanten Lebensweg zurückblicken kann: Wolfgang, der Älteste, ist schon in jungen Jahren aus dem Jagsttal fortgezogen und war in Australien und den USA als Professor für Neuere Geschichte tätig. Jedes Jahr kommt er ein- bis zweimal für längere Zeit zurück nach Bächlingen – und hat dann meistens ein neues Buch im Gepäck, in dem er sehr akribisch interessante Lebenswege von Hohenlohern aus den vergangenen Jahrhunderten nachzeichnet. Eines seiner aktuellen Bücher beschreibt eine Auswandererbiografie: »Von Hohenlohe nach Amerika. Christoph Hubmann aus Hürden, Jagstmüller, Farmer und Dichter«.

Und dann ist da natürlich der Rezzo, studierter Jurist, das »grüne Urgestein«, ehemaliger Fraktionschef der »Grünen« im Bundestag und Staatssekretär im Wirtschaftsministerium, schon längst eine politische Legende. Auch der schaut regelmäßig in Bächlingen vorbei, vor allem in der Mosesmühle, wenn dort auf der Jagstwiese mal wieder ein Jazzfrühschoppen stattfindet – besonders gerne kommt er auch nach Wolpertshausen, wenn bei der Bäuerlichen Erzeugergemeinschaft Lichtmess gefeiert wird und sie noch einen Redner brauchen, der die Dinge, die in der industriellen Landwirtschaft schief laufen, glasklar beim Namen nennt. Vor einigen Jahrzehnten noch haben sie ihn in Hohenlohe deswegen ausgebuht – mittlerweile wird er stürmisch beklatscht, wenn er mal wieder rhetorisch volle Kanne zulangt.

Bei solch profilierten Brüdern ist das natürlich so eine Sache, als Jüngster aus deren Windschatten zu treten und ein eigenes Profil entwickeln zu können. Vor allem dann, wenn man ständig gefragt wird, ob man denn etwa der Bruder vom Rezzo sei – was früher meistens mit einem eher negativen Beiklang vermerkt worden ist, während dann mit zunehmender Prominenz des Bruders mehr und mehr die Einschmeichler und Mitläufer versucht haben, via Bernulf ein kleines Scheibchen vom bundespolitischen Sonnenglanz für sich zu abzuschnorren. Da muss man dann schon mit beiden Beinen fest auf dem Boden stehen, um sich nicht einwickeln zu lassen. Doch in dieser Hinsicht brauchte man sich beim »Berne« freilich keinerlei Sorgen zu machen: er hat sich da nie verbiegen müssen – und die Lobhudler genauso wie die Querschläger (die es wie gesagt früher besonders zahlreich gegeben hat) einfach ignoriert.

So hat es jeder der drei Schlauchbrüder – und zwar jeder auf seine ganz eigene Weise – zu etwas gebracht. Der Bernulf inzwischen zum Holunderzauberer. Und das, obwohl er zunächst ja eigentlich Jura studiert hatte. Aber das Studium hat er irgendwann aufgegeben, dann Landwirt gelernt und ist schließlich in den Journalismus

Bernulf Schlauch, Hohenloher Holunderzauberer

gewechselt, wo er viele Jahre lang als engagierter Redakteur Artikel für das »Hohenloher Tagblatt« geschrieben hat – bis zur Zeitungskrise Anfang der 2000er Jahre, wo seine Stelle »aus wirtschaftlichen Erwägungen« dem Rotstift zum Opfer gefallen ist und sich der Verleger damit auf mehr oder minder elegante Weise von einem unbequemen Kommentator verabschieden konnte – dicke Krokodilstränen inclusive. Es war eine Aktion, die bei Kennern der Szene ein ganz seltsames Geschmäckle hinterlassen hat, denn man konnte sich des Eindrucks kaum erwehren, dass da am »kleinen Bruder« nur stellvertretend ein Mütchen gekühlt worden ist, weil es zum eigentlichen Clinch mit dem »großen Grünen« nicht gereicht hat.

Was aber jetzt? Wenn man von einem auf den anderen Tag plötzlich mit seinem beruflichen Aus konfrontiert wird. Es war eine fatale Situation: denn anderswo einen Job als Zeitungsredakteur zu finden, war in jenen Jahren nahezu unmöglich und außerdem: außerhalb von Hohenlohe leben und arbeiten zu müssen … Nein, das war für den Berne ein Ding der Unmöglichkeit! Was andererseits nicht heißt, dass er einer von denen ist, die zeitlebens in der Provinz verhockt sind: ganz im Gegenteil sogar. Das kann man von jemandem, der mit dem Fahrrad in den USA den »Blueshighway«, die Route 61 den Mississippi entlang, absolviert hat, in Mexiko bei den Indios gewohnt hat und ebenfalls mit dem Fahrrad schnell mal von Bächlingen aus bis nach Meran gestrampelt ist, nun wirklich nicht behaupten. Reisen nach überall in die Weltgeschichte? Immer! Aber auf Dauer aus Hohenlohe fortziehen? Niemals!

Und so stand Bernulf Schlauch also vor der existenziellen Frage, wovon er denn künftig leben sollte. Die Antwort – genauso abenteuerlich wie hundertprozentig auf ihn maßgeschneidert – war bald gefunden: Holundersekt. Denn schon in seiner Kindheit hat ihn der Holunder fasziniert, seitdem er mit einer Sommergrippe im

Bett lag und ihm eine Nachbarin zwei Flaschen mit selber angesetztem Holunder«sekt« vorbeigebracht hat, die nicht nur gut geschmeckt, sondern auch das Fieber ruck-zuck aus dem Körper hinaus getrieben haben.

Viele Jahre lang hat er im Sommer mit den Holunderblüten experimentiert – und unzählige Flaschen hat es bei der Gärung zerrissen, bis endlich das passende Rezept (und dazu die geeigneten druckbeständigen Flaschen) herausgefunden waren. Und nachdem er also sowieso schon die ganze Familie seit Jahren mit seinem Holundersekt beglückte – was sprach dann dagegen, die Produktion auszuweiten und das wunderbare Sommergetränk künftig nicht mehr zu verschenken, sondern an die hoffentlich interessierte Kundschaft zu verkaufen, um damit künftig seinen Lebensunterhalt bestreiten zu können?

Gesagt – getan. Und zwar kompromisslos. Denn bei seinem »Holunderzauber« setzt der Berne striktestens auf Qualität. Das beginnt schon bei der Auswahl der Blüten, die von ihm nur an Blütentagen, die der Mondkalender vorgibt, gesammelt werden – und natürlich kommen weder Sträucher in Frage, die in Straßennähe stehen, noch solche, die an Äckern wachsen, die mit Spritzmitteln behandelt worden sind – und mögen sie auch noch so schön blühen: der Holunder für den »Holunderzauber« wird ausschließlich mitten in der Natur und auch nur um die Mittagszeit, wenn die Blüte am intensivsten ist, gesammelt. Was im Übrigen (ich habe es selber mitgemacht) bei sengender Hitze eine nicht nur schweißtreibende, sondern genauso staubige wie stachelige und mühselige Angelegenheit ist. Und bis so ein Weidenkorb vollgesammelt ist… worauf aber gleich der nächste folgt…. dann der übernächste… und der überübernächste: Sisyphos lässt herzlichst grüßen!

Mit dem Sammeln ist es freilich noch längst nicht getan: weiter geht es jetzt mit dem Ansetzen in großen Tanks (Wasser, Biozucker und Zitronensaft), dann alle paar Stunden umrühren. Nach dem Abfüllen in die dickwandigen Sektflaschen (wegen der enormen Sprengkraft des Getränks) über Wochen hinweg zigmal rütteln, bis die Handgelenke schmerzen, anschließend nach dem Original-Champagnerverfahren degorgieren. Ob er mal gezählt hat, wie oft er so eine Flasche in den Händen gehalten hat, bis sie über den Verkaufstresen wandert? Also zwölfmal mindestens – was sicherlich noch deutlich zu wenig geschätzt sein dürfte.

Muss das alles denn wirklich sein? Diese ganze Mühe? Dieser Aufwand! Ja, das muss es: »Denn wenn schon, dann soll es auch was Gscheites sein!« meint der Holunderzauberer, der diesen Beinamen völlig zurecht trägt: »Ganz oder gar nicht!« Denn der Duft und die Aromen, die aus so einer Flasche steigen, geben ihm zu einhundert Prozent Recht. Hohenloher Holunderzauber: das ist der Duft von Sommer in der Nase und das Prickeln von tausend Holunderaromen auf der Zunge. So wahrhaftig schön kann ein Sommertag sein – und das sogar mitten im bitterkältesten Winter – dank dem Holunderzauberer aus Bächlingen, dessen Sortiment mittlerweile übrigens komplettiert wird durch »Rosenzauber«, »Akazie« und »Mähdesüß«. Wie diese Erzeugnisse wohl schmecken? Am besten selber genießen und eine Flasche bestellen – falls Sie den Holunderzauberer überhaupt ans Telefon bekommen und nicht nur seinen Anrufbeantworter, auf dem die Ansage so treffend lautet: »Der Holunderzauberer ist in seinen Zaubertrank gefallen – wenn er wieder rauskommt, ruft er sie zurück.«

Das also ist die Geschichte, wie aus dem Journalisten Bernulf Schlauch ein (erfolgreicher) Holunderzauberer geworden ist, den man überall in Hohenlohe auf den »Festlich« treffen kann, wenn er seinen Holundersekt präsentiert und vor lauter Schwätzen mit den

Leuten, die ihn ja alle kennen, mit dem Ausschenken kaum noch hinterher kommt. Er kennt beinahe jede(n) in Hohenlohe und jede(r) kennt den Berne, der seine Hohenloher Heimat liebt, ohne freilich gefühlsduselig zu sein und der gleichzeitig für sie kämpft, wie ein Löwe, wenn es um das Bewahren geht. Erst recht, wenn da irgendwelche Stuttgarter Bürokraten etwa meinen sollten, sie müssten den Hohenlohern wieder mal zeigen, wo es im Ländle lang geht. Dann kann er sogar ziemlich ungemütlich werden, um nach einer kurzen Zeit des intensiven Durchatmens ganz im Sinne seiner (natürlich ehrenamtlichen) Funktion als Slow-Food Vorsitzender von Hohenlohe genüsslich den Unterschied zwischen einem Schwaben und einem Hohenloher zu erklären, was am besten mit der Geschichte von der Schlachtschüssel funktioniert: »Ein knickeriger Stuttgarter gibt sich bereits mit der Erkenntnis zufrieden: »Lieber a Muck in dr Schüssel als gar koi Fleisch« – während sich ein lebensfroher Hohenloher grundsätzlich erst dort zum Essen niederlässt, wo man vor lauter Fleisch des Kraut in der Schüssel nimmer sehen kann!«

Bernulf Schlauch ist ein richtiges Naturereignis – und dabei genauso konservativ-bewahrend, wie chaotisch-unkonventionell und freigeistig-wachsam. Allein schon, wenn er zur Tür hereinkommt, ist der Raum augenblicklich voll. Nicht jeder mag ihn – aber er mag ja auch nicht jeden. Gut: die meisten mögen ihn schon, diesen im besten Gottlob Haagschen Sinn letzten Mohikaner, dem man genauso gut den Titel eines Lordsiegelbewahrers von Hohenlohe verleihen könnte. Eine Formulierung, die er natürlich sehr, sehr seltsam finden würde. Ich sehe ihn schon vor mir, diesen Blick, wenn er das gelesen hat und mich dann stirnrunzelnd ins Visier nimmt… Egal, ich meine es wirklich so, wie ich das geschrieben habe – und den kritischen Blick des Holunderzauberers, den werde ich dann irgendwie schon auch noch aushalten.

Gottlob Haag und Wilhelm Staudacher

Fränkisch-Hohenlohische Weihnachtsgeschichten & Gedichte

Dieses Hörbuch präsentiert eine große Auswahl ihrer schönsten Weihnachtsgeschichten und -gedichte. Hier zeigen die beiden Lyriker, dass weder die Mundartdichtung noch das Thema Weihnachten platt und vordergründig daher kommen müssen. Ganz im Gegenteil.

Teilweise konnten für das Hörbuch sogar Originalaufnahmen von Gottlob Haag und Wilhelm Staudacher verwendet werden. Die weiteren Texte wurden von Bernulf Schlauch (im hohenlohischen Dialekt), Wolfram Staudacher (im fränkischen Dialekt) und Gunter Haug (Hochdeutsch) gesprochen.

Audio-CD

Gunter Haug

Der Rebell vom Taubertal

Er war der erste deutsche Revolutionär.

Und er hat im Jahr 1476 einen gewaltigen Flächenbrand entfacht, als er in dem kleinen Dorf Niklashausen im Taubertal gegen soziale Missstände, gegen die Obrigkeit und sogar gegen die Kirche zu Felde zog: Hans Böhm, ein einfacher junger Schäfer, der später als der „Pfeifer von Niklashausen" in die Deutsche Geschichte eingegangen ist.

Seinen Einsatz für mehr Gerechtigkeit hat er mit dem Leben bezahlen müssen. Auf dem Scheiterhaufen in Würzburg sollten mit ihm auch seine Forderungen in Flammen aufgehen.
Doch in den Herzen der Menschen ist er unvergessen.

264 Seiten, broschiert

Gunter Haug

Geboren 1955 in Stuttgart-Bad Cannstatt, langjähriger Zeitungs-, Radio- und Fernsehredakteur.

Autor von über 40 Büchern, darunter die Bestseller »Niemands Tochter – auf den Spuren eines vergessenen Lebens«, »Niemands Mutter – eine wahre Geschichte« und »Robert Bosch – der Mann, der die Welt bewegte«.

Diese sorgfältig recherchierten Lebensbeschreibungen haben ihm eine begeisterte Leserschaft beschert. Mit unterhaltsamen Vorträgen tourt Gunter Haug zur großen Freude seiner Fans durch ganz Süddeutschland und Österreich.

Mehr über unseren Autor, seine Bücher und seine Vortragstermine erfahren Sie unter: www.gunter-haug.de

Gunter Haug

Vorsetz

Hohenloher Gschichtlich und Erlebnisse

edition
Inspiration